AF435713

Dieudonné

Chroniques d'un succès inespéré

Serge ULESKI

Du même auteur

- Ursula ULESKI artiste peintre : matière et reflets
- Je me souviens
- Confessions d'un ventriloque
- Serge ULESKI en blogosphère - 2010
- Cinq ans, cinq nuits
- La consolation
- Les brèves de Serge ULESKI
- Paroles d'hommes
- La France et le fascisme
- Serge ULESKI littérature - morceaux choisis
- Pièce à conviction
- Des apôtres, des anges et des démons
- Serge ULESKI en blogosphère - 2011
- Transit (théâtre)
- Cinéma… de salle en salle de film en film
- Serge ULESKI en blogosphère – 2012
- De l'art, de la littérature et autres considérations

http://sergeuleski.blogs.nouvelobs.com

Banni des médias dominants - presse, télés, radios - depuis plus de dix ans à la suite d'un sketch sur FR3 qui mettait en scène un colon juif de Cisjordanie… Dieudonné a essuyé tous les affronts tout en faisant l'objet d'un nombre incalculables de mesures vexatoires et liberticides.

Bête de scène, d'une résistance et d'une persévérance hors du commun, Dieudonné a tenu bon ; et son public n'a jamais été aussi solidaire et nombreux qu'aujourd'hui.

A ce sujet, il faudra bien un jour que l'on nous « raconte » Dieudonné, ce phénomène ! Mais… que l'on ne s'y trompe pas : raconter Dieudonné ce n'est pas nous parler *de* Dieudonné mais de tous ceux qui ont tenté de l'empêcher de travailler et d'exercer librement son Art.

Dates, noms, faits et gestes, ce qui aura été dit et écrit par les uns et par les autres… quand le jour viendra de nous conter Dieudonné, il y a de fortes chances que personne n'en sorte… *grandi* : ni les magistrats, ni les médias, ni la classe politique, ni les gouvernements, et moins encore les associations communautaires acharnées à l'abattre professionnellement et socialement.

***

Ces chroniques sont issues de billets de blog publiés sur Médiapart, avant que l'auteur n'en soit interdit de publication, sur le Nouvelobs, là où il publie encore, ainsi que sur Agoravox. Elles sont présentées dans leur chronologie… de 2007 à aujourd'hui. On pourra ainsi mesurer l'évolution des analyses de l'auteur et le chemin parcouru par celui-ci vis-à-vis de la démarche d'un Dieudonné artiste et activiste politique.

Pour une version Internet des billets publiés ici, merci de vous rendre sur le blog Nouvelobs de l'auteur et de consulter la thématique « Dieudonné » ; vous y trouverez de nombreux liens vidéos et autres sites concernés par le sujet traité.

Le monde est plié en deux. Plus qu'une
promesse : précarité et abrutissement. Aussi,
quiconque, aujourd'hui, n'est pas en colère est soit un
escroc, soit un imbécile, soit un salaud.

Dieudonné, le FN, la France et nous

Avril 2007

Artiste engagé, humoriste talentueux, aujourd'hui à bout de souffle à force de se cogner la tête contre les murs d'une République qui n'a pas cessé de lui adresser une fin de non recevoir, Dieudonné semble s'épuiser à rendre les coups qu'il reçoit en exposant au grand jour les contradictions ou les hypocrisies de ses détracteurs et adversaires, parfois puissants et souvent de mauvaise foi.

Acculé, cherchant désespérément à reprendre la main, Dieudonné semble opter pour une volte-face qui surprendra très certainement ses adversaires qui ne manqueront pas de s'en réjouir. Quant à ses partisans aux analyses parfois hâtives et confuses, nombre d'entre eux devront très certainement passer les mois et les années à venir à tenter de décrypter, dans la confusion et l'incompréhension, la pertinence et le bien-fondé d'une telle stratégie qui ressemble fort à un sabordage qui n'ose pas dire son nom.

Sous le couvert d'une affirmation d'indépendance d'esprit, loin des anathèmes, le ralliement de Dieudonné à Le Pen ressemble fort au coup de pied de l'âne à cette société qui n'a pas d'autre issue à offrir à tous ceux qui remettent en cause ses modes de fonctionnement, d'organisation et ses grilles d'analyses, qu'une impasse en forme de cul de sac : rejet et isolement.

Baroud d'honneur la volte-face de Dieudonné, ex-champion de l'anti-racisme ? Une stratégie de substitution, ce ralliement qui n'en est pas un, tout en l'étant mais... sans vraiment l'être et qui ouvre, à dessein, la porte à toutes les analyses et tous les commentaires possibles ?

Ne nous y trompons pas ! Faute de mieux, cette volte-face n'a qu'un seul objectif : continuer de conspuer les partisans du politiquement correct au mépris courtois, et puis cette « gauche » - celle du Parti Socialiste - qui n'a eu de cesse de canaliser, de fédérer et d'exploiter le ressentiment des laissés-pour-compte à des fins électorales et seulement électorales. Une gauche indifférente qui n'a rien résolu et qui refuse avec obstination de crever l'abcès de la question des français issus - pas seulement mais aussi - du colonialisme, de la traite et de l'immigration, tout en se désintéressant du sort qu'il leur est fait comparé à d'autres minorités et/ou catégories sociales.

Quoi de plus efficace alors que de courtiser le Front National et son chef dont le discours de Valmy, rédigé en partie par Alain Soral, porterait, de l'avis de Dieudonné, un nouvel éclairage sur cette formation politique - éclairage positif, s'entend -, feignant d'ignorer qu'il ne s'agit là que d'un discours de campagne électorale de plus, racoleur et très certainement sans lendemain ; discours que Dieudonné a toujours su dénoncer quand c'était le Parti socialiste qui les tenait auprès des Français issus de l'immigration.

Car, n'en déplaise aux partisans indéfectibles du FN, ce parti et ses idéologues nous renverront toujours - et Dieudonné le sait mieux que quiconque : au pétainisme, au colonialisme, à l'intégrisme catholique, à l'anti-parlementarisme, au nationalisme discriminatoire, au fascisme, à l'anti-syndicalisme, au monarchisme revanchard, à l'homophobie - et plus près de nous dans l'actualité, et comme un fait exprès, au racisme, sans oublier les vieilles lunes de l'eugénisme d'un racialisme social.

Qui peut croire que Dieudonné pense sincèrement que le FN est capable de rendre justice et d'accorder une vraie place à ce peuple de France qui n'a jamais pu (e t quelquefois aussi… *su*) se rapprocher de la promesse d'égalité et de fraternité pour tous que la République française portait avec elle, faute d'y être encouragés, aidés ou tout simplement, autorisés.

***

Dieudonné est bien le produit de cette France qui a délibérément misé sur l'épuisement des forces revendicatrices en partie issues de la traite, du colonialisme et de l'immigration, avec pour seule consolation un SOS racisme enfermé dans sa Tour d'Ivoire moralisatrice car, si le fait de dénoncer « les brûleurs de voitures » n'a jamais dissuadé qui que ce soit de les brûler ; de même, se contenter de dénoncer le racisme n'a jamais empêché qui que ce soit de s'y complaire. Et plus encore lorsque ce "racisme" – défini comme tel -, n'est dans les faits qu'un cache misère soit intellectuel, soit politique, autour de questions que l'on s'interdira de poser, sans oublier les cas où l'intelligence fait cruellement défaut, et les cyniques qui n'ont aucun intérêt particulier à ce que les bonnes questions soient posées faute de volonté ou de possibilité d'y répondre efficacement car, si tout est dans l'exécution, quand on ne peut plus agir,

notamment sur le plan social, une fois que l'on a
déserté le terrain économique sans lequel
aucune action digne de ce nom n'est possible, et que
l'on est tout nus, vers qui, vers quoi peut-on alors se
tourner ?

L'anti-racisme ne peut être qu'un point de départ et
sûrement pas un point d'arrivée. Dans le cas contraire,
ce sera un échec. Et d'ailleurs : c'est un échec !

Dieudonné n'a jamais cessé d'être le symptôme -
comme des millions d'autres avec lui - d'une maladie à
l'origine de laquelle on trouvera un Etat et une classe
politique incapables de nous proposer une France
adulte, aux analyses honnêtes et courageuses, même au
prix d'un froissement de l'orgueil national, dans un
nouvel élan tout aussi national mais... fédérateur celui-
là.

Un Dieudonné aujourd'hui pris dans l'engrenage de la
surenchère, la fin justifiant les moyens et par tous les
moyens, au prix d'une confusion contre-productive, et
sans doute aussi, au prix de l'incompréhension de ceux
qui le soutiennent.

Dieudonné a voulu le beurre et l'argent du beurre,
satiriste - et en tant que tel, électron libre n'ayant de
compte à rendre qu'à son Art (à juste titre) -, et tribun.
Or, l'engagement politique demande un haut niveau
de responsabilité très certainement incompatible avec
son Art. Aussi, il semblerait que cette vocation

d'humoriste engagé et de satiriste au vitriol qui manifestement s'impatientait, l'ait finalement rejoint puis... dépassé, reprenant là tous ses droits, pour le plus grand profit politique des adversaires de Dieudonné.

Il faut se faire une raison : les artistes n'ont jamais fait de bons "politiques" ! Du moins, pas longtemps.

Qui s'en plaindra ? Personne ! Car, l'art n'est pas un bureau de vote et les artistes, des assesseurs.

Aussi, d'aucuns seraient tentés de prier Dieudonné de retourner à son Art et de laisser la politique à ceux qui savent avec patience, cohérence et détermination, définir des objectifs, une stratégie et une tactique qui laissent leurs adversaires loin derrière eux et certainement pas... loin devant eux ; à moins que Dieudonné ne se reconnaisse aucune obligation de résultats ; le tapage médiatique étant à ses yeux la seule mesure de la réussite.

L'avenir nous le dira.

Dieudonné : Coluche et Desproges... trente ans après

Septembre 2007

Quand Dieudonné "se paie" Zemmour, après une attaque frontale de ce dernier contre les minorités visibles sur France 2, c'est le fantôme de Coluche et de Desproges qui remue ses chaînes et qui vient hanter une France mais... tout autre, et dont ils auraient sans doute le plus grand mal à déchiffrer les ressorts, comme pris de vitesse et de vertige, avant de tenter de s'y reconnaître et de s'y retrouver.

Et pourtant, dans cette France des années 70 et 80 qui savait encore rire d'elle-même et des autres sans avoir

à demander l'avis à qui que ce soit, tout était déjà bien
en place : les ghettos et les discriminations
prospéraient, il est vrai, à l'ombre et dans le silence de
la honte – existences tuées dans l'œuf, d'autres bientôt
menacées d'étouffement au grand dam d'une majorité
silencieuse -, avant que cette honte, celle des pères et
des mères, ne cède la place au ressentiment, puis la
haine : celle des filles et des fils ; haine qui surgira
d'une *vraie-fausse-nouvelle France* : la France du rap.

***

Coluche de son vrai nom Michel Gérard
Joseph Colucci, né le 28 octobre 1944 dans le 14e
arrondissement de Paris, meurt le 19 juin 1986.
.

Avec Coluche, c'est la France d'une immigration
italienne qui n'est déjà plus, et depuis longtemps, un
sujet de dissertation (combien étions-nous à connaître
cette origine italienne de Coluche ?) - une immigration
assimilée jusqu'à l'indifférence et sa disparition du
paysage français -, qui prend et monopolise la parole
pendant une bonne dizaine d'années…

Un Coluche dont le talent comique cachait pourtant,
une forêt dense de discriminations (**1**)ainsi que maintes
explosions à venir ; discriminations dont les victimes,

aujourd'hui, ne nous lâcheront pas de si tôt...

Pierre Desproges, né en 1939 à Pantin, meurt le 18 avril 1988 à Paris. D'aucuns ajouteront : petit français blanc sans histoire, au métier et à la vie faciles : un coup sur l'extrême droite et ses électeurs, la classe ouvrière, et un coup sur la gauche, celle du caviar, pour ne pas faire de jaloux.

Une fois Coluche et Desproges contraints au silence, voici la France de la Traite, de la Colonisation, de l'immigration et de toutes les discriminations qui monte sur scène sans demander la permission à quiconque.

Avec **Dieudonné**, nom d'artiste de Dieudonné M'bala M'bala né le 11 février 1966, force est de constater que Coluche et Desproges prennent comme un sacré coup de vieux. Pour un peu, et rétrospectivement, la France des années 70 et 80 nous semblerait douce à vivre, facile à plaisanter, à sourire et à rire : une France d'une force tranquille.

Rien de surprenant à cela puisqu'il s'agira d'une France qui ignorera superbement les plus faibles : des laissé-pour-compte par millions. Une France à retardement donc, comme la bombe du même nom.

Bien sûr, Dieudonné et son public, aujourd'hui, c'est aussi, et surtout, une France du délabrement politique et social ; un délabrement maintenant consommé, proche du pourrissement ; une France dans laquelle quarante ans de Front national aura fini par avoir raison chez toutes les élites médiatiques (à ne pas confondre avec les élites morales et intellectuelles qui elles, ont déserté les médias) d'un "*on ne peut pas tout dire n'importe quoi n'importe comment !*" : Finkielkraut, Chirac, Zemmour, Hortefeux, Luc Rosenzweig, Frêche, Elisabeth Lévy, jusqu'au Président Sarkozy en campagne et hors campagne.

***

Violence sociale, violence verbale, censure, intimidations (**2**), discrédit des élites politiques, économiques et médiatiques ; tout comme cette mondialisation qui n'a de compte à rendre à personne, plus rien ne fait peur puisque tout est destiné à faire peur.

Voici alors le temps de la catharsis, chacun selon ses moyens, son statut et son pouvoir, dans une épuration de toutes les peurs et de toutes les frustrations pour les uns, et de toutes les injustices pour les autres : à chacun son spectacle et son public ; décomplexés, on se libère enfin ; et les coups donnés sont et seront de ceux que l'ont a et aura reçus ; et c'est là que le bât blesse, c'est bien sur le dos des plus faibles que cette catharsis opère ! Communautés démunies, sans pouvoir politique, économique et médiatique, et qui, aux yeux d'une majorité indifférente n'ont que deux visages : ceux de l'extrémisme religieux et de la délinquance.

Mais aussi… communautés qui n'auraient plus qu'une arme : dénoncer sans relâche un mépris qui ne se cache même plus, assumé comme tel, à prendre ou à laisser, jeté au visage de ceux que la justice a désertés ; mépris d'une arrogance nouvelle qui sonne le glas de la politique, de l'intelligence et de tout principe de causalité...

Mépris que seuls les imbéciles (ou bien, les salauds) prendront pour une franchise courageuse et salutaire - une franchise à la Zemmour -, alors qu'il n'est question que d'un... *"Tu ne vivras point ce qui ne te sera pas donné à vivre, et que tu ne prendras pas non plus !"* sans appel et sans recours.

    Reste à espérer que jamais ces communautés ne seront un jour tentées de reprendre à leur compte la parole suivante de Dieudonné : *"La mort sera plus confortable que la soumission à ces chiens."*.

__1__ - On n'oubliera pas "La Marche pour l'égalité et contre le racisme » dite « Marche des beurs" que l'on aura fait décidément beaucoup marcher ! -, en 1983.

__2__ - On n'oubliera pas non plus ce sketch de Dieudonné chez Fogiel en 2003 qui mettait en scène un colon religieux israélien ; sketch qui n'était ni raciste, ni antisémite, et pas nécessairement anti-sioniste non plus : ce sketch ne remettait pas en cause l'existence d'Israël, en revanche, il dénonçait, après le Christianisme et l'Islam que Dieudonné avait moqués sans être inquiété dans deux spectacles précédents, une frange extrémiste du judaïsme encouragée et soutenue par l'Etat israélien à des fins d'expansion territoriale via la colonisation des territoires palestiniens ; une politique du fait accompli qui se veut irréversible.

A la suite de ce sketch, très vite, Dieudonné sera banni des médias (télés, presse, radios), et plus tard... interdit de salles de spectacle sur le territoire français ; phénomène de vendetta jamais rencontré en France contre un artiste dans l'exercice de son art ; sous de Gaulle et Giscard, même les artistes les plus engagés n'auront pas connu un tel bannissement !

« L'Antisémite » : premier long métrage de Dieudonné

Avril 2012

Le scénario de « l'Antisémite » tient en quelques mots : à la demande de son épouse atteinte d'un cancer en phase terminale, un antisémite alcoolique et violent, déguisé en officier nazi pour l'occasion (son épouse est vêtue d'un costume traditionnel breton, coiffe et robe) accepte de se faire psychanalyser par un thérapeute juif.

***

Qui sème la censure, l'exclusion et le bannissement à l'encontre d'un artiste dans l'exercice de son Art, comme ce fut le cas contre Dieudonné, récolte Faurisson - là où ça fait mal -, et en prime… un film : « l'Antisémite ».

Filmé en quinze jours avec un budget plus que modeste, ce premier long métrage de Dieudonné, programmé en janvier 2012 sans perte ni fracas dans un seul lieu, celui du théâtre de La main d'or, le propre théâtre de l'humoriste, tourne en dérision les antisémites et égratigne au passage Auschwitz et le génocide juif appelé Shoah.

Filmé tantôt en noir&blanc, tantôt en couleur, l'originalité de ce film dans lequel l'historien Robert Faurisson fait une apparition à la *guest star* ainsi que Alain Soral… réside dans sa construction à la façon d'un *making off* ; en effet, le film a autant pour sujet le tournage et parfois l'impossibilité de mener à bien une l'histoire de cet homme antisémite désireux de se soigner (séquences en couleur).

Excepté pour son épouse qui décédera - et à ce sujet on nous laisse clairement entendre que ce n'est pas le cancer qui l'a tué mais son traitement administré par un professeur qui répond du nom de… Goldstein, l'homme au *mille chimio et mille décès* – tout est bien qui finit bien ou presque, pour le personnage principal enfin guéri de son antisémitisme, maintenant homophobe, partant bras dessus bras dessous avec son psychanalyste tout aussi homophobe que lui. Le film s'achèvera sur une énorme fête où Dieudonné et ses « acteurs », brandissant des ananas, reprennent en cœur avec une foule en délire, le *Chaud Cacao* d'Annie Cordy rebaptisé pour l'occasion « Shoah- nanas » sur le refrain : "*sho sho shoah-nanas/ tu me tiens par la shoah/ je te tiens par l'ananas/ sho sho sho-ananas*", drapeaux israéliens et palestiniens au vent.

***

La transgression ! Transgression réservée à quelques *happy few* ! L'absolu privilège de l'artiste qui a fait la preuve de son talent et de son courage.

Dieudonné à propos de son métier : "*Je n'ai pas peur, ce qui fait que je suis bien plus drôle que les autres qui ont peur ! Et même si la télé et la radio pour moi c'est fini, et que je n'y serai jamais plus autorisé... qu'ils sachent que je les emmerde tous, profondément* - Autre privilège de l'artiste indépendant.

La transgression boomerang non pas comme fin en soi mais comme moyen : dénoncer une autre transgression qui a pour objet un mensonge qui dit toujours la vérité sur le fumier d'une bonne conscience d'un mépris sans limite pour le faible, le désarmé, l'inarticulé, le vaincu qui *ne vivra point ce qui ne lui sera pas accordé et donné de vivre, et qu'il ne prendra pas non plus* car il ne mérite rien.

Oui, la transgression ! A l'heure où, comme jamais auparavant, ceux qui prétendent à la cohérence et à la vérité sont à l'intelligence ce que les feux d'artifices sont aux miracles : le secret de polichinelle d'un esprit infantile dans le meilleur des cas, manipulateur…
 dans le pire.

Coutumier de la transgression, dans ses spectacles, Dieudonné a déjà pris pour cibles sur le même mode, le racisme ainsi que deux des trois religions monothéistes ; en ce qui concerne le Judaïsme, après une première tentative en 2008, il y renoncera très vite, dissuadé par une campagne d'intimidation.

En ce qui concerne ce long métrage, on pensera à Mel Brooks quand il ridiculise la révolution française ou le régime nazi ; aux *Monty Python* avec La vie de Brian qui se moque allégrement de la figure du Christ ; et plus près de nous, le film **« Case départ »** réalisé en 2011 : premier film qui tourne en dérision la traite négrière.

Est-il nécessaire de mentionner le silence de la critique à propos de ce film ! Les seuls qui s'y sont attelés ont parlé d'un « nanar de comique télé ». Dans ces critiques rédigées le plus souvent sans grande conviction, telle une condamnation purement formelle et routinière, attendue donc, on pourra détecter sans difficulté des esprits en service commandé et bien rodés qui savent ce qu'on attend d'eux à la virgule près, tout en gardant à l'esprit le fait suivant : "*Le premier qui dit que le film est drôle, perd son boulot*" – confidence d'un journaliste.

On n'a pas connu en France un tel climat de chantage et de terrorisme intellectuels exercés sur les institutions et les médias, leurs producteurs, animateurs et journalistes depuis l'ère communiste et stalinienne - le PCF en particulier, avec ses intellectuels et ses sympathisants jusqu'aux années 70.

A moins d'être aveugle ou partisan, difficile de ne pas admettre que leurs méthodes sont étrangement identiques : insultes, discrédit, intimidation physique (avec la LDJ entre autres groupuscules), calomnie, procès d'intention, amalgames, chantage affectif, chantage professionnel...

Du beau, du grand travail cette mise au pas, ce conditionnement et cette intériorisation de ce même conditionnement ! Mais comment pouvait il en être autrement ? Quel film de Dieudonné aurait trouvé satisfaction auprès de critiques terrorisés à l'idée de devoir commenter un film qui tourne en dérision le dernier rempart, la dernière forteresse du politiquement-et-historiquement-correct ?

Nanar ou pas, le film de Dieudonné ne sera pas diffusé en salle, de la décision de son producteur iranien, même si l'on peut déjà le commander au format DVD sur le site du satiriste.

La LICRA a saisi le tribunal de grande instance de Paris dans le but de faire interdire le film. Le juge des référés du tribunal de grande instance de Paris n'a pas interdit la diffusion.

Dans son ordonnance, la juge reconnaît que « *la plupart des images et propos peuvent être ressentis comme particulièrement choquants et provocateurs* » mais, nuance-t-elle, « *il n'est pas pour autant établi, avec l'évidence requise en référé, qu'elles constituent* » un négationnisme ou une provocation à la haine contre les juifs.

En outre, écrit-elle, « *malgré son caractère insidieux et particulièrement outrancier, la séquence n'est nullement présentée comme une thèse scientifique ou sérieuse et nul ne peut se tromper sur son aspect parodique, étant rappelé que le juge n'a pas à se prononcer sur le bon ou le mauvais goût de ce qui est présenté comme humoristique* ».

Et les experts judiciaires, juges, avocats et autres de tergiverser à bon compte avec plus ou moins de bonheur et d'honnêteté sur les chances de succès de la LICRA après ce premier revers ; LICRA qui nul doute

reviendra à la charge car, le contentieux entre
Dieudonné et cette ligue ne date pas d'hier. De son
côté, l'humoriste envisage de porter plainte contre
cette ligue pour harcèlement.

***

Une dernière chose... ô rien ! Presque rien…
trois fois rien : l'Antisémite est un film drôle… très
drôle. Aussi, ne laissez personne vous gâcher ce
plaisir ! Un plaisir décuplé par une transgression
piment d'une vie sociale qui crève lentement sous la
chape de plomb d'un *politiquement correct* qui cache mal
une débauche et une orgie de prise de pouvoir et
d'intérêts sans nombre et sans précédent – et nous ne
sommes qu'au tout début de ce disfonctionnement
citoyen et démocratique.

Dieudonné : censure encore et toujours

Mai 2012

Il semblerait bien que ce pays ne sache faire qu'une chose : rejeter, bâillonner, censurer, stigmatiser, traduire devant les tribunaux la moindre tentative d'exercice de liberté d'expression politique et artistique : rappeurs, auteurs, essayistes, pamphlétaires, artistes de scène, syndicalistes, activistes...

Et priver des millions de Français de parole, de porte-voix, de représentation, et finalement d'espoir. Tous les médias, leurs producteurs et leurs animateurs, chroniqueurs et journalistes y contribuent, chaque jour, chaque semaine... radios, télévisions, journaux ;

médias qui ignorent sciemment d'innombrables
réalités et expressions culturelles, politiques et sociales.

***

Si nombre d'humoristes sont à l'humour ce que
les reality-shows sont à la réalité - une diversion pour
le sordide ordinaire de la ménagère de plus de 40ans et
autres adultes infantilisés et ados attardé(e)s -, un rire
collabo donc à l'humour sans conséquence qui ne
gêne personne...

En revanche, Dieudonné est à l'humour ce que les
films catastrophes et autres films d'horreur sont au
cinéma, et la pornographie à la gestion des pulsions
sexuelles :

*"... et même s'il ne faut pas que ça arrive, tout semble
indiquer qu'on n'y échappera pas."*

Fils spirituel des Coluche, Desproges et le
Luron, oeuvre salubre, Dieudonné devrait être
reconnu d'utilité publique si seulement il y avait moins
de faux-derches et d'imbéciles dans la place, et l'on ne
manquera pas de dénoncer le fait qu'à aucun moment
on ne donne la parole à Dieudonné ou à son public.

Elie Semoun : l'âne et l'avoine… ou quand Elie Semoun feint de ne pas comprendre l'engagement de Dieudonné.

Septembre 2013

Elie Semoun qui lave plus blanc jour après jour, vient de mordre une nouvelle fois la poussière face aux médias, sans doute dans l'espoir de continuer de prendre un peu de blé - business-show oblige ! Industrie pour laquelle il ne saurait y avoir de show s'il n'y a pas de business à faire -, et de faire rire un public qui, année après année, se raréfie, l'Art de Dieudonné ayant relégué tous ces comiques de surface au rang d'amuseurs sans fond à l'humour… *que c'est pas la peine.*

Allégeance, hommage lige, un genou à terre puis deux, tête baissée, la voix blanche et la glotte lourde car, l'auto-humiliation est à ce prix, jamais un humoriste (ancien partenaire de scène de Dieudonné) n'aura à ce point pratiqué ce qu'il est maintenant convenu d'appeler l'auto-abaissement volontaire, le fond de culotte humide et lourd.

Mais alors... qui passera la serpillière derrière lui ?

Quant à Dieudonné... maintenant engagé dans un rapport de force très cru entre nos maîtres qui tenteront toujours de faire de nous leurs esclaves et une stratégie d'esquive et de survie face à leur violence, que ceux qui ne jurent que par la censure et le boycott en dehors de toute légalité à l'endroit de ce celui qu'il faut bien se résoudre à considérer comme le plus grand satiriste de langue française depuis Molière, que ceux-là se mouchent donc s'ils se sentent morveux !

Dieudonné à nouveau menacé

Septembre 2013

Vous voulez être drôle ? Aujourd'hui, c'est simple : dites la vérité ! Car, dans un univers où le mensonge est roi, la vérité libère un rire irrépressible ; les pays de l'Est du temps de l'URSS ont très bien connu ça !

***

De nouvelles tentatives d'interdictions des spectacles de Dieudonné se font de plus en plus pressantes - dernièrement Montbéliard. Et cette fois-ci ce sont deux ministres du gouvernement Ayrault qui menacent Dieudonné - mais est-ce une coïncidence ?

Deux ministres atlantistes, très proches des USA et
d'Israël donc) :

   - Un Moscovici occupé principalement à nous
vendre sur le marché international de la traite des
salariés au plus fort et au moins offrant, qui s'avère
donc n'être qu'un ministre des finances de plus dont
on aura oublié très vite l'existence une fois qu'il aura
quitté ses fonctions...

   - Et un Manuel Walls dont les discours n'ont
pratiquement plus rien à envier à ceux du Front
National.

***

   Plus gros vendeur de billets de spectacle en
2011, on ne manquera pas de préciser ce qui suit :
jamais un spectacle de Dieudonné n'a été condamné
par un tribunal pour quel que délit que ce soit, et tous
les arrêtés destinés à interdire ses spectacles ont tous
été annulés par le conseil d'Etat.

Que l'on ait donc la présence d'esprit de se poser la
question suivante : qui aujourd'hui en France fait vivre
la démocratie et la liberté d'expression - si par
démocratie et liberté d'expression on entend autre
chose qu'un débat télévisée entre... Mélenchon et
Copé, arbitré par un Pujadas -, Dieudonné ou ceux qui
tentent de le faire taire ?

Cette chronique prend le parti une nouvelle fois de la liberté d'expression et des lois qui protègent ceux qui en font usage, et dénonce l'impunité avec laquelle des actions illégales sont menées à l'encontre d'un artiste dans l'indifférence la plus absolue ; indifférence feinte bien évidemment ! puisqu'il s'agit le plus souvent non pas d'indifférence mais... d'un silence imposé ; un silence qui a pour menace : le premier qui s'oppose à la tentative de mise à mort professionnelle de Dieudonné perd son job - journalistes, artistes, producteurs, animateurs, presse, radios et télés.

Rappelons, car on ne le dira jamais assez, que Dieudonné vient de l'anti-racisme et de l'anti-communautarisme. Aujourd'hui encore, à ses spectacles, on y rencontre toute la France et toutes les France. Et si dans les années 40, cela demandait sans aucun doute beaucoup plus de courage de s'afficher « juif » que d'écrire dans le journal collaborationniste « Je suis partout », aujourd'hui, force est de reconnaître qu'il faut un courage sans limite pour être Dieudonné plutôt qu'un représentant du Crif et de la Licra.

Avec ces nouvelles menaces contre la liberté de Dieudonné, c'est bien le plus grand humoriste de la langue française et le plus grand satiriste depuis Molière que l'on tente de censurer et de bâillonner.

Aussi, ne cessons jamais de dénoncer cette vendetta de dix ans et de soutenir cet artiste incomparable qu'est Dieudonné.

Penser la satire aujourd'hui avec Dieudonné, saint et martyr

Novembre 2013

Dieudonné, qui est aujourd'hui le plus grand satiriste de langue française depuis Molière, exerce avec courage une vocation d'humoriste à tendance corrosive ; vocation d'équilibriste qui a ses exigences : on doit être capable de prendre la communauté nationale à rebrousse-poil. Le sel de la profession cette capacité : ne jamais être là où l'on vous attend pour vous y avoir maintes fois trouvé.

Electron libre n'ayant de compte à rendre qu'à son Art, humoriste au vitriol, enfant de Coluche et de Desproges, l'humour tel que l'envisage Dieudonné est une action pratique concrète : plus on raconte le monde moins on raconte d'histoires car, avec Dieudonné, on n'oublie rien et l'on se souvient de tout, surtout de ce dont on a bien failli ne pas se souvenir, tête en l'air que nous sommes tous ! Avec Dieudonné on quitte son fauteuil plus que jamais présent au monde, et dans le monde, un monde sous influence, celle de l'éternelle tentation de manipuler ou d'assujettir des sociétés, des nations et des Peuples…

Avec Dieudonné, l'humour semble pallier la coupure d'avec une critique sans concession des mécanismes de domination et la diffusion d'une telle critique ; un humour qui pose la question de l'action loin du confort des studios de radios qui nous font l'aumône de quatre minutes d'impertinence souvent sans lendemain et qui n'a pour seule conséquence : provoquer la mauvaise humeur de petits chefs capricieux et autres hommes de mains d'un pouvoir liberticide ; la grossièreté, voire la vulgarité, prenant le plus souvent le pas sur une critique essentielle et frontale : qui fait quoi, comment, à qui et pour quoi.

Il est vrai qu'il est souvent question d'une impertinence d'humoristes de radios et de télés qui n'ont pas un mot de soutien à adresser à Dieudonné ! Pas un mot contre les tentatives illégales d'annulation de ses spectacles, et les atteintes à la liberté d'expression.

Humour hantée par la politique que celui de
Dieudonné. Rien de surprenant à cela puisque, très
tôt, Dieudonné s'est engagé auprès de l'anti-racisme et
de l'anti-communautarisme dans un effort constant de
renouvellement des enjeux de l'action humoristique,
son Art et sa pratique, au service d'une analyse critique
des mondes que l'on nous somme d'habiter.

Si l'on parle d'humour ravageur, c'est bien parce qu'il
fait ravage et qu'il n'a de cesse d'influer sur le cours
d'une prise de conscience toujours plus gourmande et
exigeante. En effet, parmi les 20-35 ans, combien ont
rencontré la politique avec Dieudonné !

Seul et privé de soutien autre que celui de son public
(il est un des rares humoristes à jouer à guichet fermé
partout où il se produit), Dieudonné est banni des
médias, et ce depuis qu'un vendredi soir sur France 3,
c'était en 2003, un de ses sketchs eut le malheur de
déplaire à des individus qui se sont avérés capables,
pour en avoir le pouvoir, de bannir des médias, qu'ils
soient publics ou privés, un artiste, Dieudonné en
l'occurrence, jusqu'à tenter en toute illégalité de
l'interdire de scène sur le territoire français, et plus
récemment en Belgique et au Québec...

Le scandale éclabousse les tenants du mensonge,
dérange toutes les catégories car le scandale c'est
l'inédit et l'inouï. Le scandale fait tache d'huile, et tôt
ou tard, il provoque une crise - toute tentative de

l'étouffer le renforce car le scandale c'est aussi tout ce qu'on tente de taire -, jusqu'à ce que l'humour qui le porte, devienne une action collective tant il suscite à la fois l'admiration des uns, le rejet des autres et les indécis au milieu ; lesquels indécis s'en remettront inévitablement à la propagande la plus performante, celle qui contrôle tous les réseaux de diffusion qui font l'opinion ; et en ce qui concerne Dieudonné, il existe une telle dissymétrie de moyens d'action entre ceux qui « veulent sa peau » et ceux qui le soutiennent que ces mêmes indécis ont tôt fait de se dire : « *Il est allé trop loin ! Il l'a bien cherché !* ».

Dissymétrie que l'on retrouve dans le cadre d'une mondialisation sans retenue aux comportements prédateurs sans foi ni loi, dans les domaines militaire, culturelle et économique comme jamais auparavant. Et cela ne surprendra personne le fait que les forces rassemblées contre Dieudonné participent de près ou de loin, indirectement ou non à ce nouvel ordre mondial : celui du dumping *moral(e)* et des bombes.

Un Dieudonné, à la fois microcosme et mini-théâtre d'opérations qui, à une tout autre échelle, sont destinées à soumettre le plus grand nombre à cet ordre mondialiste qui n'a pour seule devise : « Tout pour ma gueule ! »

Bouc émissaire Dieudonné ? Là aussi, sans l'ombre d'un doute. Mais alors… comment rendre les coups que l'on reçoit ? Comment exposer au grand jour les contradictions ou les hypocrisies de ses détracteurs et adversaires souvent puissants et de mauvaise foi ?

Humour en état de veille et d'alerte constant, depuis la déchéance de *l'homme politique,* nous n'avons jamais eu autant besoin d'humoristes à risques, abrupts, dangereux car cet humour-là oblige à choisir son camp comme la politique à identifier l'adversaire.

D'un côté Bartleby « *J'aimerais mieux pas…* », de l'autre Dieudonné et son « *Il faut !* ». Dieudonné a fait de l'humour une exigence plus haute que celle de la plupart des humoristes anecdotiques qui pratiquent l'imitation, la parodie et la caricature, alors que l'humour de Dieudonné est l'exact opposé de tout ce qui est voué à l'amenuisement. En effet, au sortir de son humour, on se sent moins bête (… de somme), moins insignifiant ; on reprend la main et le dessus sur l'abrutissement, l'humiliation et le faible ressac de la désobéissance et de la dénonciation parcimonieuse et timorée.

La société, ce n'est pas que de l'économie et de la répartition de richesses. Loin s'en faut. Ce qui fait le lien, ce qui *fait société* relève aussi de notre capacité à tous de (se dire) dire et d'entendre (de s'entendre dire) la vérité, ce qui implique aussi et surtout la dénonciation des mensonges et des manipulations.

A ce sujet, le cas Dieudonné, la censure à son encontre, et les actions illégales menées contre lui dans l'indifférence la plus totale est en tout point exemplaire ; il annonce déjà un monde cadenassé pour le pire.

On pourra ici saluer le fait que jamais Dieudonné ne s'est laissé intimider, tout en évitant le plus souvent les pièges qui lui sont tendus quotidiennement. On sait pourtant comment les stratèges pervers peuvent provoquer de la violence chez l'autre pour faire écho à la leur si bien calculée, et ainsi, forcer à la faute leur victime qui, ce faisant, dédouane bien involontairement de tout reproche les responsables de ces stratagèmes. Mais... qu'à cela ne tienne... longue vie à eux tous ! Car, si la plupart d'entre nous quittent le monde *en mourant*, d'autres en revanche... crèvent ! Et si ce sont précisément eux qui partent les derniers, de là, sans doute, ce monde insortable et imbuvable qu'il nous est quotidiennement demandé de subir ; monde qu'on ne conspuera jamais assez, vieille charogne sur laquelle il faudra bien finalement nous résoudre à cracher.

On a connu et soutenu l'entartage des années 80 et 90 destiné aux facétieux et aux tartuffes de la conscience humaine, il est grand temps de monter un cran au-dessus : proposons le crachat car, à l'avenir, c'est avec ce crachat-là qu'il faudra compter. Oui ! Le crachat ! Mais pas n'importe lequel : un crachat épais et lourd, venu non pas du fond des âges mais… du fond de la gorge... bien profond, là où se loge le dégoût et la colère... après un raclement rhino-pharyngé de tous les diables. De préférence, et quitte à choisir, ce crachat, clair ou coloré, on le souhaitera quasi aqueux, gluant et muqueux… nez, gorge… on le fera descendre pour mieux le faire remonter… poumons, bronches, sécrétion translucide ou opaque… seul importera son poids et la puissance de son expulsion, sa cible et la force de projection…

Et lorsque la coupe sera pleine, mais… vraiment pleine, plus tard mais bien avant longtemps, une fois nos selles devenues muqueuses, c'est un *crachat rectal* qui s'imposera alors à la face d'un monde sans honneur et sans courage.

Humour, rire et justice

Décembre 2013

Le rire reste un mode de résistance d'une
efficacité redoutable contre notre impuissance face à la
tyrannie du réel. Avec l'humour, et le rire qui
l'accompagne, on reprend la main et le pouvoir.

Inhibitions, angoisses, oppressions… le rire
transcende tout ce à quoi il se rapporte.

L'humour est la seule vraie résolution de la névrose
disait Freud ; et on ajoutera : la seule vraie
protection contre la névrose des autres, celle de Freud

pour commencer et celle de l'organisation de la
société.

Funambule de la raison, vertigineux, l'humour tout
comme le rire, fraie avec la folie ; celle qui nous guette
tous.

Rire collabo ou tiroir-caisse, rire résistant, rire pour
rien sur rien ou pour si peu, rire gras... grassement
payé salle comble, rire attentiste (*pourquoi se prononcer,
prendre parti alors qu'on ne sait jamais de quel côté le vent va
tourner !*), rire dieudonysiaque transgressif qui fait
éclater au grand jour une domination sans précédent
du mensonge - ivresse et jouissance face à
l'énonciation de vérités interdites ; rire iconoclaste
mais mondain, tempête dans un dé à coudre (Bedos
père et fils, et tant d'autres), si le rire n'a ni raison ni
tort, et s'il s'accommode mal du mensonge, c'est que,
tout comme l'Art, le rire est proche de la vérité.

Rire pointu, rire de spécialistes, rire qui ne perd rien
pour attendre, et pour avoir trop attendu aussi, rira
bien qui rira le dernier, le rire est communion et
partage ; grégaire, il rassemble : chacun pour soi dans
le rire mais avec le rire de l'autre en écho d'une
destinée commune. Le rire est germination quand
il révèle des savoirs enfouis et volontairement cachés,
et si le rire n'est jamais loin du sanglot, c'est qu'il en
est la larme sèche ; aussi, en s'attaquant au réel jusqu'à
la caricature, il le démasque (Coluche, Desproges) ; il

force le trait jusqu'à l'absurde (Devos) ; il met à nu les vanités et la bêtise.

Rire inespéré qu'on n'attendait plus, avec Zouc, il apprivoise l'horreur d'une condition ; rire boomerang et miroir, à l'image de la perfidie qu'il faut bien se résoudre à dénoncer, avec Dieudonné en Molière des temps modernes, le rire satirique, rire féroce, expose les escrocs de la vertu et de la morale sans oublier les chantres d'une pseudo fraternité - fraternité à géométrie variable, d'un poids d'une mesure jamais égale ; fraternité sournoise qui cache mal un désir violent de domination.

Avec l'humour, toute solennité est exclue mais le rire n'est pas pour autant le laisser-aller quand il a pour alliés l'intelligence, la liberté et l'Art ; bien au contraire, celui qui rit, même confortablement assis, se tient intellectuellement et moralement debout, digne et fier. Toujours !

Thérapeutique, avec le rire, tous les traumas deviennent gérables car avec le rire et le corps fait esprit, un corps qui se saisit de la réalité (Zouc, Elie Kakou, Fellag), on peut les revisiter à satiété, en toute sécurité.

***

Sortie par effraction de toutes les impasses, hors de l'espace et hors du temps, dans une autre dimension, les mécanismes du rire sont complexes ; ils se dérobent à l'analyse exhaustive car avec le rire, talent et génie, il reste toujours une part d'inconnu.

Le rire est magique d'une magie blanche et noire ; quand il est gris, le rire est retournement de l'insupportable même s'il en garde la trace et la marque ; il n'oblitère rien, ne répare rien mais il permet la consolation et de souffler un peu avant de côtoyer à nouveau des démons têtus et insatiables.

Le rire est libération quand il met en scène un dépeçage des conventions, des hypocrisies et des machinations ; il libère l'esclave ; il nous permet de sortir de l'enfermement dans lequel nous nous complaisons.

Bergson disait : « *Le rire n'a pas plus grand ennemi que l'émotion. Le comique s'adresse à l'intelligence pure* ». Coeur de pierre donc, mais source d'énergie radicale, il est une ouverture sans précédent vers l'inouï, l'inédit et la liberté.

Rire, humour… humour et rire, il arrive aussi que le rire rende justice à ceux qui en sont privés. Belle revanche des déshérités alors !

Dieudonné au tribunal

Des parties civiles d'associations communautaires et une ligue de défense juive qui tente le coup de force.

Décembre 2013

"*Le rire est plus humain que les larmes, et c'est mériter mieux de ses semblables de trouver en eux du plaisant que du triste. On leur laisse du moins quelque bon espoir ; mais il y a folie à pleurer ce qu'on désespère de réformer. Et, à tout bien considérer, il est plus noble d'être gagné par le rire que par les pleurs. Le rire soulève une des plus légères affections de l'âme., il ne voit rien de grand, de sévère ni même de sérieux dans tout notre vain appareil.*" - Sénèque : la tranquillité de l'esprit :

lettres à Sérénus.

     Nul besoin de faire montre de beaucoup d'imagination pour désigner ceux qui sont à l'origine d'une exacerbation identitaire longuement murie, cajolée et entretenue ainsi que de l'abandon par les intellectuels concernés par cette identité, de leur rôle émancipateur pour le plus grand profit d'un tutorat vague et mou, démagogique et complaisant, ou bien parfois, franchement communautariste ; exacerbation dont personne n'a souhaité mesurer et interroger, au fil des ans, le caractère dommageable pour notre société et pour les intéressés eux-mêmes car l'Homme sera toujours plus que ce qu'il croit savoir sur lui - même qui n'est le plus souvent que ce que l'on a daigné lui enseigner ou bien, ce qu'on lui a laissé espérer... pour lui-même...

Avec les conséquences que l'on sait auprès d'une jeune génération : d'aucuns se revendiquent comme militants juifs; d'autres encore, sur les forums internet, n'hésitent pas à exiger des sentences de mort :"... *la Shoah et Israël, c'est sacré ! Quiconque s'avise de s'en moquer n'a qu'un droit : mourir !*"

Certes ! On se soigne comme on peut, en petits soldats d'une cause qui n'est finalement qu'un gigantesque lapsus ; celui d'une identité juive qui les étouffe chaque jour davantage ; et quand on sait que cette appartenance n'est le fait que du hasard, celui de la naissance, cela en dit long sur leur capacité à tous à pouvoir choisir pour eux-mêmes qui ils souhaitent être en dehors de ce que le sort a pu décider pour eux.

A leur décharge, il faut bien admettre qu'ils n'ont rien choisi ; ils ne font que subir cette obligation-injonction d'appartenance qui les ronge, et qui, finalement, les noie un peu plus chaque jour, pour ne rien dire de leur obsession de l'antisémitisme comme s'ils n'avaient qu'un souhait : qu'on les haïsse mais… jamais assez !

Impuissants ils sont face à cette appartenance dévorante du même avec le même, cette dévotion incestueuse et cannibale car, pas moyen de s'oublier quelques heures par jour ! Pas moyen de se ficher la paix ! On ne fait l'expérience que de cette appartenance : soi-même matin, midi et soir, pour seule réalité, pour seul horizon, et encore et toujours soi-même, Juif et seul !

Pris au piège d'une névrose dans laquelle ils s'enlisent un peu plus chaque jour… ils rapetissent, leur vue baisse et pour finir, la saturation, le trop-plein, l'indigestion et le dégoût viennent les submerger avant de les engloutir ; et tout à fait vidés maintenant, et vides comme une coquille vide, c'est alors qu'un sentiment d'impuissance s'installe, et puis la rage aussi face à cette impuissance haïssable car, quand on a tout perdu, ou bien, quand on n'a rien acquis pour soi-même, toute sa vie durant, son identité, celle dont on n'est nullement responsable, n'est-elle pas tout ce qui nous reste à l'exclusion de tout le reste ? Et en premier lieu, les autres... et plus encore lorsqu'ils sont *tout* autres, et par conséquent, porteurs de tous les dangers : que l'on en vienne à réaliser, la mort dans l'âme, que l'on n'est rien, ou bien si peu, en comparaison ?

Face à ce désastre humain, on ne saurait jamais assez leur rappeler au bon souvenir de ce Juif sorti du ghetto - pour peu qu'il y ait mis un jour les pieds car, quelque chose nous dit qu'il avait franchement mieux à faire : George Steiner. Diamant d'intelligence, il ne se plaignait jamais ; faut dire qu'il ne se vautrait pas dans une appartenance ethnique qu'il savait de circonstance et auprès de laquelle il ne trouverait aucun mérite. Il était à l'affût non pas d'antisémites ou d'antisionistes à trucider, même derrière un écran d'ordinateur ; non, il était à l'affût, toute sa vie durant, de la moindre manifestation de talent et de génie ; à l'écoute, il était aussi d'une générosité et d'un désintéressement qui rendaient hommage à l'excellence d'où qu'elle vienne ; et avec lui, elle venait vraiment de tous les horizons.

Pour tout vous dire... tout ce qui n'était pas *lui* le fascinait, tout George Steiner qu'il était. Et vous savez quoi ?! On ne lui connaissait aucun ennemi excepté dans ce qui n'était pourtant déjà plus sa communauté depuis longtemps puisque George Steiner se tenait ailleurs, précisément là où il faut être quand on a l'ambition d'élever la conscience de ses contemporains, et de les ouvrir au monde, comme tous ceux qui l'avaient précédé : Spinoza, Marx, Freud, Einstein, Arendt…

Nombreux sont ceux qui n'hésitent plus à parler, à propos de cette exacerbation identitaire et de son encouragement, d'un régime d'exception au service d'une politique qui peut se résumer par cette formule Orwellienne : "*Nous sommes tous égaux mais certains le sont plus que d'autres*".

Mais alors, comment des intellectuels ont-ils pu un seul instant penser que la création, dans notre société, d'un tel climat de suspicion quant à l'égalité de traitement de ses composantes - suspicion propice à toutes les rancœurs et à toutes les colères, même contenues - ait pu être considérée comme une option, et qui plus est, une option vivable, souhaitable et gérable sur le long terme ? Ces intellectuels ne se seraient-ils pas laissé aveugler par leur propre exacerbation identitaire et leur désir de puissance, cessant du même coup d'être des intellectuels pour endosser les habits de propagandistes arrogants et irresponsables, sans considération aucune pour le ressenti de la communauté nationale ?

Cancer sournois dont l'effet boomerang ne cessera jamais, insidieux, d'empoisonner pour longtemps encore les rapports sociaux ; et même si d'aucuns, forts de leur bêtise et/ou de leur cynisme, pensent pouvoir sans difficulté gérer cette tension supplémentaire ad vitam aeternam, sous prétexte qu'il existe des précédents dans une autre région du monde en proie à un chaos méticuleusement et savamment organisé et orchestré ; cette tension que l'on nous promet ici et maintenant n'en est pas moins intolérable et inacceptable ; et l'on ne se résoudra pas à ce qui nous est présenté comme une nouvelle fatalité.

D'où notre soutien à Dieudonné.

Dieudonné interdit de représentation : quand la classe politique, l'Etat et les médias sont nus.

Janvier 2014

La France est passée en cinq ans, dans le classement de Reporters sans frontières, du 11e rang au 37e rang de la liberté d'informer. Finira-t-on alors derrière la Chine ?

25 condamnations pour violation de la liberté d'expression... la France au 3e rang des condamnations loin devant la Russie à la Cour Européenne des droits de l'homme.

***

Nantes, Bordeaux, Tour, Limoges, Metz, Nancy, Caen… on ne compte plus les maires qui clament haut et fort leur intention d'interdire la venue du spectacle de l'humoriste Dieudonné dans leur ville.

Injonction, oukase, édit ou fatwa - c'est au choix -, suite à la circulaire de Manuel Valls, (doux euphémisme) les arrêtés municipaux et préfectoraux se succèdent ; des salles annulent les représentations du satiriste Dieudonné et de son spectacle « Le mur »...

Telle une réaction en chaîne, réaction au quart de tour, les annulations vont bon train ; et gare à aux maires et préfets qui, tête en l'air, oublieraient de suivre la ligne du « Parti de la lutte contre le fascisme, le racisme et l'antisémitisme » ! Sans oublier ceux qui refuseraient, un rien taquins, ou bien franchement rebelles car lucides et incrédules, de participer à ce lynchage sans précédent d'un artiste ; et pas n'importe lequel : le plus grand satiriste de langue française depuis Molière.

Même le maire de Trifouilly-les-oies, commune de 750 habitants, qui ne souhaite manifestement pas être en reste, a tenu à faire savoir auprès de l'AFP que la salle des fêtes de sa commune ne saurait en aucun cas servir de « base de repli » au spectacle d'un Dieudonné en cavale, si d'aventure il lui venait à l'idée d'y chercher refuge.

Belle unanimité ! Unanimité à vous tirer les larmes aux yeux ! La Nation enfin réconciliée avec elle-même ! Beaucoup d'émotion donc.

Péril en la demeure : mobilisation générale qui vaut acceptation d'un Etat d'urgence d'exception ! C'est toute la classe politique et toute la France avec elle qui se lèvent ; une France en armes, à coup d'arrêtés municipaux et préfectoraux... maires de nos villes et préfets de nos départements drapés d'une circulaire tricolore, écharpe en bandoulière pour une chasse à l'homme sans précédent, meute médiatique en renfort, présentateurs et animateurs télés et radios rabatteurs...

Mais... une France qui, dans les faits, se résume à ce qu'on appelle l'*Establishment*... politique et médiatique ! Ce qui ne surprendra personne ; cette France-là qui prospère depuis de trente ans sans nous et loin de nous, ne gouverne plus ; elle se contente de reverser des dividendes à ceux qui ont investi sur leur avenir à eux tous et qui leur ont permis d'occuper des places lucratives comme jamais auparavant.

Avec des journalistes qui, soit dit en passant, dans l'intimité, rient à gorge déployée à chaque nouveau spectacle de Dieudonné, que l'on ne s'y trompe pas : les aboiements et le vacarme de ceux qui battent la campagne ne nous feront pas oublier le silence assourdissant, de milliers d'artistes et de quelques centaines d'intellectuels muets et invisibles.

Qui ne dit mot consent. Mais… s'agit-il vraiment d'un consentement ?

Intimidés, craintifs, la peur au ventre, terrifiés par une campagne de désinformation sans précédent à l'encontre d'un personnage public (même le Pen père n'aura jamais eu à faire face à une telle offensive), tous ces artistes et intellectuels n'auraient-ils pas plutôt fait le choix de protéger, qui, une carrière universitaire, qui un avenir professionnel dans l'industrie du spectacle, qui une subvention du ministère de la culture (son ministre Aurélie Filippetti envisage de ne pas s'opposer à la fermeture du théâtre parisien de Dieudonné) en lieu et place de la dénonciation d'une véritable cabale qui, pour un peu, ferait passer le maccarthysme pour un jeu de société un peu pervers certes, mais bon enfant, et les procès de Moscou pour des joutes oratoires dignes de l'agora grecque ?

Et à propos de ce lynchage d'un métis né d'une mère bretonne et d'un père camerounais dont le seul délit (et crime !?) aura été de mettre en scène en 2003 un colon juif religieux extrémiste (excusez ce pléonasme !) après avoir précédemment dénoncé, sans essuyer la moindre contestation - c'est à noter ! -, l'intolérance et l'instrumentalisation des religions et des communautarismes catholique et musulman...

Qui, parmi tous ces artistes et ces intellectuels, proposera de lancer un appel à la résistance et au soutien de Dieudonné, ce Voltaire des temps modernes ? Appel dont la teneur nous rapprocherait d'une date historique, un certain 18 juin – souvenez-vous ! Heures glorieuses d'un pays qui savait alors contrer avec la plus grande fermeté toute tentative de coup d'Etat d'une caste vorace, fourbe et intolérante et qui, depuis plus de trente ans, sert une organisation de l'existence qui n'a plus aucun souci de la liberté (d'information), de l'égalité (des chances), de la fraternité (intercommunautaire) et de la justice pour tous, et en premier lieu : pour les plus faibles et les plus démunis d'entre nous…

Et si cette caste, même minoritaire, a pu un jour se ranger du côté de l'honneur et du courage à l'occasion de cet appel, c'est aussi et surtout pour mieux s'empresser, une fois leur devoir accompli, d'aller « casser » de l'Indochinois, de l'Algérien, de l'Africain et aujourd'hui, du Palestinien par procuration.

Mais... n'est-on pas toujours mieux servi par soi-même, et doublement, lorsqu'il est question de *se servir* et de veiller sur ses propres intérêts comme on veille son or de peur qu'il ne s'envole… car le sommeil favoriserait tous les cauchemars ?

Pour sûr : Chasser le naturel, il revient…

Qu'il soit permis ici d'affirmer ce qui suit : si un seul danger nous guette aujourd'hui, c'est bien cette unanimité contre Dieudonné… unanimité qui ne connaît, de tout temps, qu'une musique : le bruit des bottes, le brouhaha assourdissant des chars, et l'éclair des baïonnettes dressés à la verticale d'un "*Soleil trompeur*" et contre lequel tous les don Quichotte de la liberté et de la justice iront se brûler les ailes si d'aventure, il leur vient à l'idée de chercher une sortie honorable contre ce qui ressemble fort à un coup d'Etat d'une frange médiatico-politique qui, après être montée maintes fois «au braquo », est parvenue, après trente ans d'effort et de laisser-faire, à imposer une telle unanimité, aujourd'hui, contre Dieudonné et son public après un hold-up et nettoyage politique, médiatique et culturel sans précédent.

C'est Icare qui sombre une nouvelle fois. Changement de lieu et de décor : la mer Egée a cédé la place à une mer gelée dont la surface est balayée par un vent glacial : celui qui annonce une nouvelle ère qui ne nous laissera qu'un seul lieu pour tout refuge : les latrines pour y vomir tout notre dégoût avant de nous décider à prendre le maquis.

***

Des médias aux ordres ont sciemment coupé les ponts, tué la communication, l'échange, voilà trente ans déjà, en tarissant toute relation aussi lacunaire soit-elle avec des pans entiers de la population de ce pays afin de contrôler toute contestation d'un projet tant national qu'européen et mondial aux conséquences économiques, sociales et politiques dévastatrices qui ne recueille l'adhésion d'aucune majorité digne de ce nom en Europe et au-delà.

Nous ne sommes pas dupes : le bannissement depuis 10 ans de Dieudonné a pour but, à la fois de réduire au silence un opposant mais aussi, et surtout, de le radicaliser (le forcer à hurler - *métaphoriquement*) et de le pousser à la faute afin de le marginaliser définitivement aux yeux d'un public somnolent car éreinté après une journée épuisante - et cette audience-là est bel et bien aujourd'hui l'unique cible des médias de masse ; public qui n'a, malheureusement, ni les facultés ni le temps de déjouer les intrigues de médias qui ne se reconnaissent plus qu'une seule obligation : complaire à leurs employeurs (actionnaires, annonceurs publicitaires et l'Etat), de France Culture à RTL, de Charlie Hebdo au Figaro... de TF1 à Arte ; médias qui, dans les faits, ne se font plus que l'écho d'une idéologie au service d'un monde unique, un monde sans altérité aucune qui devra marcher droit : dans le cas contraire, toutes les représailles seront à craindre : ici chômage, menaces physiques ; ailleurs les bombes.

Mais alors, sur quoi repose tout le discrédit des médias depuis trente ans : la certitude que si d'aventure les salariés et les intervenants de ces médias étaient capables de penser autrement, on est assurés qu'à aucun moment ils ne seraient en position de mener à bien cette ambition (pour ne rien dire de ceux qui s'autoriserait à le faire) car force est de constater que le recrutement de ces femmes et de ces hommes a pour premier critère non pas ce dont ils sont capables mais bien plutôt ce dont ils sont bien incapables : oser penser la complexité du réel en y intégrant le poids de toutes les forces qui oeuvrent à sa mésinterprétation dans le meilleur des cas ; à sa disparition... dans le pire. Et manifestement, les recruteurs ne se trompent jamais ou bien rarement ou pas longtemps étant eux-mêmes très certainement recrutés selon le même critère : ils n'ont pas le droit à l'erreur dans leur nomination de celle ou de celui qui devra mener une barque médiatique qui ressemble étrangement à un bateau fantôme à la dérive, ersatz d'équipage qui n'a qu'une seule mission : la protection d'intérêts vitaux et partisans contre le bien commun ou l'intérêt général ; intérêts qui ne souffriront aucune mise en danger.

Et l'unanimité contre Dieudonné ne peut s'expliquer autrement : l'absence de voix dissonantes laissent entrevoir un abîme de courage... un tombeau éthique, là où prospère non seulement l'indigence intellectuelle mais... la lâcheté aussi ; une lâcheté et une incompétence coupables de lèse-société.

Rappelons ceci : les propos tenus par Patrick Cohen, animateur de la matinale et du Journal de 8h de France Inter - propos qui n'ont fait l'objet d'aucune réprobation ni sanction -, et qui a reconnu, tout en la soutenant sans sourciller, l'existence d'une liste noire destinée à exclure du champ médiatique des voix dissidentes qu'il n'aura pas hésité à qualifier de « malades mentaux »... ses propos donc sont sans aucun doute bien plus dangereux pour la liberté et la démocratie que la réponse de Dieudonné à l'endroit de ce même Patrick Cohen qui a pris pour cible notre humoriste tout en l'incluant parmi les « malades mentaux » à bannir des médias et de la société... par voie de conséquence...

Et longtemps, on se souviendra du fait qu'il n'y ait eu personne, pas une seule voix, qui ait été autorisée à nous rappeler cette vérité immuable : la liberté et une véritable démocratie qui protègent seules la vérité, n'ont jamais fait le lit des dictatures, du racisme et de l'antisémitisme ; en revanche, les petits chefs auto-proclamés censeurs et médecins politique de l'âme… journalistes ou pas, appuyés par une classe politique complaisante et cynique… oui ! Mille fois oui !

Pour preuve aujourd'hui : les régimes et les politiques qu'ils soutiennent ou ceux devant lesquels ils se

couchent pour un avion *rafale*, un char ou un canon à vendre, la boucle bouclée avec les patrons de presse : banque et armement.

Manuel Valls : l'homme par qui le scandale arriva

Janvier 2014

Annulation du spectacle de Dieudonné à Nantes...

Acharnement, précipitation, on nous promet encore d'autres actions

***

Coup de force juridique : tous les recours sont explorés dans l'après-midi même par la place Beauvau : on imagine les pressions sans nombre... insurmontables face à l'armada et l'arsenal de ce ministère.

Attentat contre la sérénité de la justice : après l'annulation à 17H de la circulaire du Ministère de l'Intérieur, convocation du Conseil d'Etat au pied levé : au juge des référés, Bernard Stirn (1), il sera donné 1H30 pour rendre un avis en rupture par rapport à la jurisprudence classique extrêmement préoccupant pour les libertés publiques et les spectacles de toutes sortes. Régression "*lourde de conséquences pour la liberté d'expression*" selon la ligue des droits de l'homme.

Coup d'Etat médiatique... omniprésente du ministre de l'intérieur, Manuel Valls, sur les chaînes d'information en continu pour le plus grand plaisir d'I-télé et de BFMTV qui, non contentes de nous avoir privés de voix dissonantes et d'analyses impartiales toute l'après-midi durant (à l'exception d'un Philippe Bilger plus nuancé et d'un Plantu mais... bien plus tard dans la soirée), eurent du mal à cacher leur joie à l'annonce du jugement du Conseil d'Etat relatif à l'annulation de la circulaire du ministre de l'intérieur par le tribunal administratif de Nantes : le spectacle de l'humoriste Dieudonné, fils spirituel de Voltaire et d'Alfred Jarry, sera interdit.

Après la tentative d'interdiction de la quenelle déclarée arbitrairement "geste anti-sémite" par un ministre et des associations-écran dont les desseins à la fois culturel, politique, géostratégique et économique ne sont plus un secret pour personne, jusqu'à la remise en cause de notre cohésion sociale et de son contrat dont les clauses - faut-il le rappeler -, s'appliquent à tous - , vorace et ambitieux, ce ministre est manifestement un danger pour la liberté, l'égalité et la fraternité déjà bien menacées par une Europe et une mondialisation liberticides et anti-démocratiques.

Mais alors... que la gauche se ressaisisse ! Car tout devra être mis en oeuvre afin que ce ministre à propos duquel on ne peut pas ne pas penser à la fable de La Fontaine (*il est question d'une grenouille et d'un boeuf*) ne puisse jamais occuper l'Elysée. Quant au déroulement de sa carrière politique, celui-ci devra faire l'objet d'une surveillance accrue de nous tous : paroles, gestes et agissements (2).

En attendant, longue vie à l'Etat de droit, à Serge Dassault et aux sénateurs qui l'ont soutenu en refusant de lever son immunité.

1 - *Que n'aurait-on pas entendu si le juge chargé de rendre un avis à propos des caricature de Mahomet de Charlie Hebdo avait été de confession musulmane ou plus simplement.. de culture arabo-musulmane ? Mais alors.. deux poids, deux mesures ? Ou bien, est-ce une coïncidence... fâcheuse ?*

Jusqu'aux appels au meurtre de Philippe Tesson à l'encontre de Dieudonné... restés sans suite judiciaire.

2 - Si la DCRI, financée par les contribuables que nous sommes, pouvait mettre à notre disposition tous les outils nécessaires à cette surveillance (au lieu de dépenser notre argent à "surveiller" les blogueurs pendant qu'en trois expéditions, un fou furieux de Toulouse assassine sept personnes dont trois enfants et fait six blessés), nous lui serions tous éternellement reconnaissants.

Piège dans les bas fonds de la politique : épuisement de l'humain et liquidation de l'intelligence

A l'heure où le Conseil d'Etat annule la décision du tribunal de Nantes d'autoriser Dieudonné à se produire sur scène, le dessinateur Plantu, qui aura été le seul à défendre la liberté d'expression d'un Dieudonné, tentera en vain de faire entendre raison à un Alain Finkielkraut, auteur essayiste sourd et agité *(faut-il y voir là un lien de causalité ?)* au regard fuyant au cours d'un face à face télévisé sur I-télé.

***

Année après années, Alain Finkielkraut y aura vraiment tout laissé, abandonné et perdu... intelligence, honnêteté, discernement, bonne foi, culture humaniste... dans son combat sans relâche non pas tant en faveur de la politique d'un Etat... Israël... que contre les antisionistes, ou plus simplement... contre les critiques adressées à un Etat qui n'a aujourd'hui plus rien à envier à l'Afrique du Sud du temps de l'Apartheid, ainsi que dans sa commémoration-célébration (on ne sait plus à force !) du génocide juif : génocide plus connu sous le nom de Shoah.

Si d'aucuns pouvaient penser que le piège tendu par ce qui ressemble fort, *in fine* - car on se doit toujours d'interroger les fins si l'on veut pouvoir identifier toute la perfidie des moyens utilisés -, à un impératif catégorique qui repose sur la voracité des uns, la ségrégation et l'humiliation des autres, les plus faibles de préférence ; projet d'essence anti-égalitariste et anti-humaniste dans sa remise en cause de la nécessité d'une perfectibilité à la fois sociale et humaine des modes d'organisation de l'existence, ainsi que de la prise en compte de l'origine ethnique, religieuse et/ou politique d'un individu ou d'un groupe, voire d'une nation tout entière, avant de décider de son sort...

Avec en prime l'exploitation du génocide juif et son instrumentalisation à des fins économique, politique et géostratégique - l'Etat israélien et ses représentants de par le monde se servant de ce génocide jusqu'à n'être plus qu'un moyen *au service d'une violence politique* - à ce sujet on pourra se reporter à Judith Butler et son ouvrage « Vers la cohabitation » - …

Et bien que ce piège ne soit pas d'une même nature pour toutes les parties en présence, force est de reconnaître aujourd'hui que ce piège tendu l'a été, et l'est aujourd'hui plus que jamais, autant pour les Juifs de la diaspora (Alain Finkielkraut comme figure de proue), que pour les non-Juifs, avec un Dieudonné qui a fait le pari on ne peut plus risqué non pas de tomber mais de se jeter à pieds joints dans ce piège avec jubilation, tout faisant un second pari : en sortir plus fort encore.

Epuisement pour les uns, bannissement pour les autres…si l'un est déjà en passe d'en sortir complètement désavoué et intellectuellement laminé et éreinté à force de contorsions éprouvantes - Finkielkraut -, espérons que Dieudonné n'en sortira pas les pieds devant !

Piège dressé par une caste militaro-politico-religieuse issue de la « *Maison mère* » avec un Netanyahou volubile incarnant à la perfection comme personne d'autre avant lui mais… comme beaucoup d'autres après lui, là-bas, ici et partout ailleurs, soyons-en sûrs et pour longtemps ! une mondialisation d'un obscurantisme qui jamais n'a baissé les bras au cours des siècles et que personne n'a vraiment réussi à dompter et que dénonçait Bertolt Brecht : l'argent, la marchandise et la cupidité ; la puanteur du désir de « tout rafler » matériellement, politiquement et humainement.

Disons-le sans ironie : il est vraiment surprenant qu'un si petit pays de par sa superficie et le nombre de ses habitants ait pu accoucher (même s'il s'agit d'un produit d'importation : Netanyahou a longtemps vécu aux Etats-Unis), d'une telle figure archétypale, si à l'aise avec une mondialisation qui est une véritable violation délibérée de ce que George Orwell appelle la «common decency » (1); alors que d'autres subissent ou se contentent d'accompagner au rythme de leur carrière politique (sans toutefois bouder leur plaisir pour autant : bonne bouffe, petites pépées, et scène mondiale !) le déclin rapide des conditions d'existence en Europe : Hollande, Merkel et la majorité des supplétifs gestionnaires intérimaires des pays européens ; il est vrai que seul David Cameron fait exception *(son père est un riche agent de change)* : il semble partager cet engouement et cette aisance face à la liquidation d'une certaine manière - art ? -, de vivre propre à *l'Europe* - mondialisation libérale oblige.

Qu'elle le veuille ou non, c'est bien ce à quoi toute la diaspora juive est sommée d'adhérer jusqu'à la remise en cause de notre cohésion sociale et de son contrat (liberté, égalité et fraternité), là où toute manifestation anti-système et par voie de conséquence "anti-mondialisation libérale" (dernièrement la quenelle (2) ; *précédemment... les événements du 11 septembre 2001*), est déclarée arbitrairement "anti-sémite" par un ministre et des associations-écran dont les desseins à la fois culturel, politique, géostratégique et économique ne sont plus un secret pour personne, Alain Finkielkraut en tête dans son désir de contrer ce qu'il considère être une attaque contre son moi ontologique (*attaque par lui ingérable : pour s'en convaincre, il suffit de se reporter à la vidéo proposée en tête de ce billet : observez la souffrance de Finkielkraut, l'étouffement qui est le sien ; celui d'une identité et d'une allégeance qui le dévorent*), et nous qui sommes aujourd'hui dans l'obligation de dénoncer une alliance avec un des rares Etats qui n'a décidément rien à proposer à l'humanité (on ne compte plus les condamnations internationales à son endroit), depuis qu'il s'est mis en tête de vivre au dépens, sur le dos et au détriment de centaines de milliers d'êtres humains : les Palestiniens.

Impossible de ne pas voir dans la fin qui nous est promise telle une menace, les moyens qui conduisent tant d'esprits qui avaient pourtant tous les attributs nécessaires pour oser penser la complexité du réel en y intégrant le poids de toutes les forces qui oeuvrent à sa mésinterprétation dans le meilleur des cas, à sa disparition... dans le pire, esprits acculés, dos au mur, à se débattre, pris au piège, jusqu'à sombrer, l'âme noire, dans une médiocrité symptomatique d'un monde aujourd'hui… *insortable.* Monde que seul un petit nombre quittera la tête haute.

Ressentiment et guerre d'usure, pourrissement et instrumentalisation politique... d'où la nécessité absolue, même au prix du bannissement, de choisir son camp et de continuer de dénoncer ce piège - épuisement de l'humain et liquidation de l'intelligence -, ce filet attrape-tout dévastateur d'un environnement maintenant délétère et irrespirable car rien de sérieux ne sera accompli aussi longtemps que l'on pensera pouvoir faire l'économie d'analyser dans les bas fonds de la politique - là où se terre "l'état profond - des choses " -, le pourquoi de tels procédés, agissements et expédients, comme autant de réflexes "panique" d'acteurs majeurs et secondaires, sayanim, supplétifs et petites mains inclus, sans oublier des milliers d'anonymes la terreur au ventre à l'idée de ne pas avoir fait ou pensé ce qu'ils croyaient qu'on attendait d'eux… que cette attente ait été confirmée ou pas.

Et tant pis pour ceux qui sombreront, sommés de boire jusqu'à la lie le vin amère d'une vendange porteuse d'une seule promesse : celle d'une piquette tant morale qu'intellectuelle ; piquette qui nous est servie jour après jour par des médias dominants qui maltraitent et *tabassent* le réel à coups de pied et à coups de poing ; médias indigents et malhonnêtes par la force des choses - celle de leurs propriétaires -, aux salariés-tâcherons humiliés jusqu'à la bêtise... et leur audience tout autant. Et personne ne nous fera dire, la tête sous le billot, que ce vin mauvais est un grand cru classé.

Une fois encore... tous y laisseront leur intelligence, leur honnêteté, leurs capacités de discernement, leur bonne foi et leur honneur ! Car, dans ce monde qui nous est imposé, il n'y a pas d'alternative, pour "*eux*" comme pour "*nous*", sinon... se soumettre totalement, à l'image d'une classe politique et de médias entièrement acquis ou soumis, tout en sachant qu'à l'âge de l'ersatz qui est le nôtre, se soumettre c'est aussi disparaître tout en demeurant là, certes ! mais sans ne plus y être vraiment.

Ou bien alors : résister. Et quand on sait qu'il n'y a qu'un monde pour tout le monde, et pas deux...

1 - *Milliardaire sans foi ni loi — sinon une seule : mort aux vaincus ! -, il est à la diplomatie et à la parole donnée, dit-on, ce qu'Al Capone était à la liberté du commerce et au paiement de factures de fournisseurs qui ont livré une marchandise qui a bel et bien été commandée.*

2 - Idem pour la chanson "Shoah Nanas" destinée à dénoncer l'instrumentalisation du génocide juif et dont Dieudonné est une victime collatérale ; soit dit en passant, sujet pourtant non tabou chez les intellectuels exigeants, libres penseurs éclairés et honnêtes de la communauté juive. A ce propos, on pourra se reporter au dernier ouvrage de Judith Butler – Vers la cohabitation.

Quand Pierre Jourde souhaite protéger ses "antisémites"

… ou quand l'"émotion est le pire des mensonges quand il s'agit d'éclairer la vérité.

Janvier 2014

« Quoi qu'il en soit, toute interdiction d'un texte ou d'un spectacle est une atteinte à la liberté de pensée et d'expression, qui cessent d'exister dès lors qu'on leur assigne la moindre limite. Que Soral continue à publier et à répandre ses logorrhées incohérentes sur internet, en se targuant de l'intelligence qu'il s'attribue et des victoires qu'il s'accorde à lui-même avec une forfanterie de vieux gosse. Que Dieudonné continue à rigoler bien gras sur les cadavres squelettiques de Bergen Belsen. Il faut se battre pour qu'ils en aient le droit. Je le

---

Cher Monsieur Jourde,

Essayez donc une fois, juste une fois, d'être du côté de la lame et non du manche, même si tout porte à croire que vous ne le pourriez pas même avec la meilleure volonté du monde.

Etre du côté de la lame, c'est à la fois une malédiction et une grâce ; une calamité et un don. Et là encore, on peut douter que vous ayez été appelé.

A l'heure où la chirurgie esthétique fait des miracles, l'erreur c'est de penser que c'est un commerce comme un autre que celui de la balafre *(du côté du balafré, bien évidemment !)*, sans doute est-ce parce que le talent, voire le génie, de vos contemporains vous aveugle avant de vous éblouir à regret et vous force à l'exercice d'une mauvaise foi dont on sort rarement grandi : à savoir... plus libre et plus avisé.

Céline avait un problème avec les Juifs (*entre autres auteurs... de Voltaire aux Goncourt - deux cents ans de propos désobligeants sur les Juifs*) avant de vomir sur toute l'espèce humaine. Dont acte.

En 1943 Heidegger avait sa carte au parti nazi ; il pensait que Hitler était la meilleure chose qui soit arrivée à l'Allemagne et à l'Europe. Certes !

Aujourd'hui, Céline est une figure mondiale de la littérature, admirée, respectée qui en a inspiré plus d'un. Heidegger a formé tous nos philosophes ; aujourd'hui, on le commente jusqu'à plus soif, colloque après colloque, dans toutes les langues, sans animosité ni procès d'intention ; bien au contraire : on lui tresse des lauriers comme à personne d'autre.

Apprenti auteur en 1930, qui aurait bien pu souhaiter passer à côté de Céline ? Apprenti philosophe, à la même période, là encore, qui aurait bien pu souhaiter passer à côté de Heidegger ?

C'est sûr : *ces gens-là*, et d'autres, ont troué le cul de leur époque et de ceux qui devaient sans doute vous ressembler... avant de s'installer dans une postérité qui n'a pas eu besoin de demander l'avis à quelque académie que ce soit.

Aussi... force est de constater que Dieudonné et Soral ont encore de la marge et une sacrée distance à parcourir avant d'aller rejoindre l'engagement d'un Heidegger ou la haine d'un Céline.

Qu'il soit permis ici de rappeler qu'un auteur, un artiste... ce n'est pas un OPJ chargé d'enregistrer les plaintes des bourgeois des beaux quartiers qui ne supportent pas le "tapage nocturne" d'un jeune ménage...

Un auteur, un artiste c'est un voyou balafré avec un coeur gros comme ça ; et ce voyou sait que ceux qui le jureront demain n'auront qu'un seul mérite : être du côté du manche parce que leur nature, les circonstances de leur naissance et les choix qui ont été les leurs tout au long de leur vie – allégeances et soumission -, les y auront conduits : juger les autres et obtenir leur tête, de leur vivant si possible.

Surtout, n'allez pas croire que ces juges seraient investis d'une mission quasi divine, et qu'ils appartiendraient tous à une sorte d'aristocratie du châtiment, en l'occurrence : châtier les salauds.

Car, si toute fortune repose sur un tas d'immondices, et aujourd'hui plus encore mais moins que demain… quand on sait à quel prix... pour les autres, l'argent se gagne sur le dos de tous les autres, il se pourrait bien que toute autorité morale et intellectuelle, *a fortiori* depuis ces trente dernières années, soit dépourvue de légitimité (*les intentions de cette "autorité" seraient loin d'être "pures"*) ; légitimité qui reposerait elle aussi sur ce même tas ; tas de fumier mitoyen donc, ce qui facilite les échanges : une pelletée de l'un dans l'autre et *vice versa*, dans une réciprocité propre à toute collusion (*soit dit en passant… c'est ce que Céline avait pressenti bien avant tout le monde*).

Après tout, personne n'est là pour écouter leurs ricanements à tous ces juges, une fois la chose faite et plier, une fois le verdict rendu : à charge, bien évidemment.

De plus, pour juger les autres il faut avoir été au moins une fois accusé et être capable de se tenir droit devant ses juges. Et quand on sait le sort que l'on réserve à ceux qui s'y collent, courageux et téméraires, à cette tâche qui consiste à juger de la légitimité des juges patentés et certifiés tels...

Et si cet auteur, cet artiste doit avoir mal, il mettra un point d'honneur à avoir mal en priorité pour ceux pour lesquels ceux qui demain le jugeront n'ont jamais eu aucun souci puisqu'il y a fort à parier que la prospérité de ces juges et de ces commissaires en respectabilité reposent sur leur douleur à tous.

Aussi, il semblerait que Bartleby se soit décidé à vider son sac.

Quant à identifier les domaines de prédilections d'une domination éhontée et arrogante, sûre de son impunité plus que de son bon droit, - car personne n'est dupe ; domination qui a toutes les raisons au monde de parier sur l'inertie de corps sans tête, corps épuisés et malmenés par des campagnes d'abrutissement et d'abêtissement déterminées, récurrentes et humiliantes… rien de plus facile que d'identifier tous ces « centres de pouvoir » spécialisés en excommunication : il suffit d'un peu de courage, ou bien, d'être libre, tout simplement. Mais ça, c'est le travail de toute une vie ; et mieux vaut commencer de bonne heure.

Qui a dit qu'un chef d'œuvre c'est ce qu'on est à peu près assuré de rater surtout s'il se trouve sous nos yeux ? Aussi, Monsieur Jourde, donnez-vous donc le bénéfice du doute : le doute est salutaire, il protège de la bêtise, il n'évite pas les regrets mais… il nous tient loin des remords. Et puis… ils sont tellement nombreux à aboyer. Une voix en plus, une voix en moins…

Imaginez donc un instant... votre silence, pour un peu, pourrait passer pour de la circonspection, voire même, pour une forme de sagesse bien bien supérieure à la normale saisonnière...

Si toutefois, tel un colibri, vous souhaitez éteindre l'incendie et contribuer au rétablissement d'une légitimité aussi souveraine qu'incontestable de ceux qui seront appelés à nous juger demain... soyez le bienvenu ! Mais attention Monsieur Jourde ! Préparez-vous à abandonner là, et dès maintenant... tout espoir d'une vie pénarde.

P.S.

Ah oui ! Je voulais vous dire : Dieudonné c'est l'Histoire qui se répète ; après la tragédie, est venue la comédie. A vous de trouver de quelle tragédie il est question. Et tout comme on n'a jamais rien pu faire contre Céline maintenant à l'abri au panthéon de la littérature mondiale, de même, on ne pourra rien contre Dieudonné.

Quenelle et unanimité des médias

Janvier 2014

Ne sont-ils pas exemplaires et admirables tous ces médias dans leur condamnation unanime de "la quenelle" ? Au moins savent-ils ce qu'il faut craindre aujourd'hui. Or, l'idée de la quenelle, c'est précisément… de ne plus craindre quoi que ce soit ni qui que ce soit.

***

Pour rappel : la quenelle est un geste subversif que l'on peut assimiler au doigt d'honneur contre l'ordre établi et une pensée unique qui se déploie autour d'un projet mondial qui ne souffrira aucune contestation : ici… la menace du chômage (d'où l'unanimité de médias et de leurs salariés précaires ou richissimes contre cette quenelle) ; et ailleurs… celle des bombes contre quiconque s'y oppose : individus, Peuples et Etats…

- Dévastation des nations, des cultures, des coutumes, des usages et du contrat social et autres compromis au nom d'une mondialisation pour laquelle les êtres humains ne sont que des ventres à remplir (ou des Peuples à affamer, c'est selon... leur niveau de soumission ou de résistance !), et du temps de cerveau disponible à distraire jusqu'à l'abrutissement…

- Diabolisation de tout individu qui refuse d'adhérer à l'univers conceptuel de cette mondialisation ; individu dissident qui se verra alors qualifier, au choix, de... fasciste, raciste, antisémite, complotiste paranoïaque, nationaliste, populiste, homophobe, démagogue anti-européen et anti-américain...

- Instrumentalisation de la culture arabo-musulmane en générale et de l'Islam en particulier (foulard et pratiques religieuses) aux fins de condamner des quartiers entiers à une marginalisation irréversible, ici en France et en Europe.

- Hégémonie d'une alliance américano-israélo-saoudienne (La Grande Bretagne et la France comme supplétifs) qui a pour seul programme : la captation et le pillage des ressources ainsi que le vol de la terre, sans oublier "la casse" des pays récalcitrants et les bombes contre les gouvernements et les Peuples qui s'y opposent...

- Tentative de marginalisation de la Russie ; politique qui consiste à faire le choix de soutenir le dissident milliardaire Khodorkovski aujourd'hui résident en Suisse contre le lanceur d'alerte (héros ?) Edward Snowden résident provisoirement sur le sol russe, aujourd'hui "apatride" et sans un sou, auquel toute l'Europe a refusé l'asile politique...

- Chantage à l'antisémitisme et bannissement contre quiconque critique publiquement la politique d'Israël ; un Etat qui n'a aujourd'hui plus rien à envier à l'Afrique du Sud du temps de l'Apartheid et dont la politique jouit ici en France du soutien et de la complicité de l'Etat français au plus haut niveau - une alliance qui nous salit davantage chaque jour -, avec en prime l'exploitation du génocide juif à des fins économique, politique et géostratégique...

- Conditionnement des esprits à une nouvelle guerre froide dans un face à face USA-Chine pour le plus grand profit du complexe militaro-industriel occidental...

- Construction d'une Europe-instrument d'une mondialisation sans honneur ni justice qui n'est dans les faits qu'une guerre contre les salaires et les acquis sociaux...

- Mise en concurrence de tous les salariés à une échelle tant locale qu'européenne et mondiale...

- Mise à mort subreptice, ici en Europe, de la liberté d'expression et de la démocratie, à grand renfort d'instances tutélaires sans légitimité démocratique (fonds, banques, commissions, organisations) ainsi que de technologies de la surveillance et du contrôle de millions de citoyens.

- Neutralisation de tout esprit critique en faisant peser sur ceux qui n'ont pas renoncé, le discrédit du ressentiment, de la jalousie, et pire encore : de l'envie.

- Passivité de tous les médias dominants, et ce sans exception : de France Culture à RTL, de Charlie Hebdo au Figaro... de TF1 à Arte au sein desquels s'exerce sans vergogne un chantage au chômage contre quiconque s'opposerait à une telle soumission ; médias qui ne se font plus que l'écho d'une idéologie au service d'un monde unique, un monde sans altérité aucune.

***

Les médias ne se reconnaissent qu'une seule obligation : complaire à leurs employeurs ; d'où cette unanimité contre cette quenelle et un Dieudonné contraint de hurler s'il veut se faire entendre, (*en commettant ce fameux faux-pas tant recherché par ses détracteurs impitoyablement fourbes*) n'ayant accès à aucun des médias qui le diffament ; en effet, aucun droit de réponse ne lui est accordé là où la diffamation sévit ; d'où le sens que l'on doit donner à la remarque de Dieudonné en réponse aux attaques d'un Patrick Cohen ; car, enfin, qui s'en serait soucié si Dieudonné s'était contenté à propos de ce salarié de France Inter d'une saillie drolatique le temps d'un spectacle d'une heure trente ? Personne.

Réponse du berger à la bergère, après les insultes de Patrick Cohen et son *coming out* à propos d'une liste noire des médias... lesquels cherchent depuis dix ans à « tuer » professionnellement et socialement Dieudonné, on se doit toutefois de relativiser leurs succès à tous auprès des juges et des tribunaux qui condamnent l'humoriste depuis que les acteurs de ces médias (dits "journalistes" !?) ne jouissent plus d'aucun crédit auprès de la population ; et c'est sans doute là tout ce qui importe. Un Patrick Cohen payé pour recevoir la famille Le Pen ; et il la reçoit ! Tout comme il recevra Dieudonné si demain on le lui conseille très fortement. Car si cet animateur radio et télé qui a, comme beaucoup d'autres, la fâcheuse habitude de vouloir péter plus haut que sa morale et que son éthique (*Patrick Cohen reçoit* des *ministres condamnés*, y compris *pour racisme*), pouvait être au métier de journaliste ce que Dieudonné est à son Art, Prix Pulitzer en poche, nul doute que personne n'irait lui chercher des poux ! Même si Dieudonné n'a pas son pareil quand il s'agit de nous dévoiler le parti pris inavouable de ceux qui veulent l'abattre. Et c'est aussi là une des nombreuses qualités qui expliquent son succès : en effet, il y a une dizaine d'années encore, personne n'aurait pu soupçonner de tels parti pris et de tels agissements d'individus qui n'ont ni l'autorité ni la légitimité intellectuelles et morales pour agir de la sorte.

Qu'à cela ne tienne ! Qui se souviendra de ce Patrick Cohen et de tous les autres qui ne représentent plus que ceux qui paient leurs salaires (actionnaires, Etat et annonceurs publicitaires), un garçon de courses des médias chassant l'autre, année après année ?

Certes... on pourra néanmoins déplorer les dégâts sur les esprits et les consciences ! Mais... Internet n'est-il pas là pour réparer tous ces dégâts ? C'est déjà une consolation.

✳✳✳

A l'heure où Dieudonné dépose plainte en diffamation contre X - plainte qui concerne des propos du président de la Licra Alain Jakubowicz et Roger Cukierman président du CRIF, tous deux feignant d'associer la quenelle "*au salut nazi inversé signifiant la sodomisation des victimes de la Shoah*", alors qu'il est question d'un signe de ralliement contre un monde unipolaire issu d'une pensée unique d'une violence politique, sociale et culturelle sans précédent -, six jeunes de 18 à 22 ans ont été mis en examen à Lyon pour leur implication dans deux expéditions punitives contre des personnes qu'ils accusent d'avoir fait le salut de "la quenelle" sur Internet. Les six garçons ont été déférés au parquet, dans le cadre d'une instruction pour "violences en réunion, participation à un *attroupement armé* et infraction à la législation sur les armes". Leur mise en examen a été assortie par le juge d'un contrôle judiciaire, avec interdiction de rentrer en contact avec leurs victimes et de détenir une arme.

Difficile de ne pas voir là les conséquences d'une diabolisation de la « quenelle » à des fins purement politiques : tenter de contenir les élans de solidarité qui se portent sur la personne de Dieudonné, humoriste banni et persécuté par tous les médias dominants, la classe politique et deux Présidents d'associations qui n'hésitent même plus, semaine après semaine, à prendre en otage leur propre communauté, en véritables agents provocateurs, dans une tentative de la fragiliser en la radicalisant, prétexte d'une

prochaine tentative d'interdiction des spectacles de
Dieudonné pour « trouble à l'ordre public » : un
Manuel Valls envisage déjà d'adresser des instructions
dans ce sens aux préfets à l'occasion de chacune de ses
représentations. Ce ministre serait venu attiser le feu et
souffler sur les braises qu'il ne s'y serait pas pris
autrement : c'est l'étau qui se resserre autour de
Dieudonné ; notre vigilance est donc plus que
nécessaire.

Quant à celles et ceux qui ont la prétention de prendre
en charge et de gérer le cas Dieudonné, ici et ailleurs
sur Internet, chroniqueurs, modérateurs et animateurs
de forum… avec quelle liberté, quel bagage, quelle
formation, quelle culture, quelle indépendance
d'esprit, quel courage, quel recul, quels précédents…
compte-t-il s'armer avant de décider de ce qui nous
sera donné à lire ou pas ? Car, si le débat est piégé, il
l'est surtout pour les médias aux ordres et leurs
salariés.

Bedos-fils : une tempête iconoclaste dans un dé à coudre

Janvier 2014

Dans une interview au journal Le Monde, Bedos-fils revient sur sa chronique de la semaine dernière chez Ruquier. Il déclare : "*Je ne veux pas laisser à Dieudonné le monopole de la subversion*".

Et pour se faire, affublé d'une barbe et d'une moustache à la Hitler, Bedos-fils met en scène un fan de Dieudonné : accent de banlieue de rigueur, personnage inculte qui croit voir des Juifs partout. Rien moins.

Sans doute Bedos-fils n'est-il jamais allé à un spectacle
de Dieudonné. On ne peut pas être partout non plus !
Discothèques, meufs et plateaux télés !

Qu'à cela ne tienne... depuis cette chronique,
c'est la consécration pour ce ventriloque des médias ;
radios, presse, télés... tous l'invitent à surenchérir et à
conspuer Dieudonné et son public. Bedos-fils
obtempère sans se faire prier.

***

Autant Dieudonné peut être celui qui dit tout
haut ce que son public pense tout bas, en revanche,
force est de constater qu'en prenant pour cible ce
même Dieudonné, Bedos-fils, sur ce qu'il croit être le
chemin de la subversion, choisit lui de dire tout haut,
ce que les médias, des associations communautaires-
écran de fumée et la classe politique n'ont de cesse de
hurler, semaine après semaine, mois après mois,
année après année, depuis dix ans maintenant…

Un Dieudonné contre lequel une guerre a-symétrique
est menée (*c'est à noter une fois encore... une guerre de plus
après celle qui ont été et sont menées ailleurs dans le monde par
des hyper-puissances contre de petits pays*) ; et comme un
fait exprès, un Dieudonné contre lequel, quiconque
souhaite faire carrière (showbiz, université, médias,

politique), se doit de rendre un verdict sans appel de
"fasciste, antisémite, raciste et complotiste".

       Après s'être essayé au théâtre sans convaincre
ceux qui savent de quoi il en retourne avec cet Art à
vif et à fleur de peau - celle de l'existence humaine -, à
l'heure du triomphe sans conteste de la novlangue
d'Orwell et de toutes les inversions, et pas seulement
des valeurs, cherchant à exister coûte que coûte,
Bedos-fils nous offre un nouveau type de subversion
qui consiste à prendre fait et cause pour une puissante
caste politico-médiatique impitoyable (on l'a vu tout
dernièrement à propos de la sanction contre Taddéï
qui a eu l'insolence de recevoir Marc-Edouard Nabe
sans passer par le bureau de la censure de ses invités)
avec les dissidents qui menacent une information qui
n'a plus qu'un seul parti-pris : le mensonge par
omission, et la protection des intérêts économiques
de leurs employeurs-propriétaires.

Taper sur Dieudonné et son public - et plus encore
lorsque l'on ne le connaît pas -, nul doute, il s'agit là
d'un créneau porteur ; créneau qui vous ouvre toutes
les portes, et pour longtemps, car cette caste politico-
médiatique qui sacre les uns et organise le
bannissement des autres fera des choux gras, et ras la
gueule, d'un tel ralliement.

C'est la voie royale ! Qu'on se le dise : avec Bedos-fils, on s'en prend donc pour trente ans et plus.

Il est vrai que l'on ne peut pas cacher bien longtemps d'où l'on vient car, Bedos-père, humoriste attitré du PS, que l'on croyait en toute bonne foi et sans malice décédé depuis longtemps déjà, a fini là où son fils a commencé : le père est omniprésent à la télé, dans les talk-shows, chez Ardisson (qui croyait tout comme nous que Bedos-père n'était plus de ce monde) et BFMTV, chez Ruth Elkrief auquelle, en homme de gauche qu'il est, amoureux d'une information honnête et digne de ce nom, lui et son épouse vouent une admiration sans bornes : ne le lui a-t-il pas une fois confié alors qu'elle le recevait dans une de ses émissions ?! Une Ruth Elkrief qui est au métier de journaliste ce que peut être celui d'un flic dans un centre de rétention administrative pour demandeurs d'asile, pour ne rien dire de son mépris à peine contenu pour le bleu de travail fort en gueule, même et surtout métallurgiste, ainsi que pour tous ceux qui ont la fâcheuse habitude de remettre en cause un ordre établi qui sied si bien à tous les Elkrief du PAF et d'ailleurs... au nom d'un sempiternel : « *Monsieur, si c'était différent, ce serait pire encore !* » cher à la tradition d'un journalisme à la Duhamel ou d'un Elkabbach…

Quand on vous dit que plus ça change et plus…

Bedos-père donc… un peu comme un certain Yves Montand, communiste de la première heure, la sienne, qui finira flic (le flic, encore et toujours le flic !) avec un gros flingue dans la main, un Magnum… non pas de champagne mais de type 357, excellent dans le maniement de cette arme, surtout lorsqu'il sera question d'abattre d'une balle dans le dos, sans sourciller, et le spectateur non plus, un braqueur qui prenait la tangente, dans un film d'Alain Corneau *Police Python 357*, avant de se rendre à la Maison Blanche à l'invitation des Reagan… instituts de sondages complaisants et médias pervers allant jusqu'à lui laisser espérer pouvoir poser ses fesses dans le fauteuil élyséen. Oui, sans rire.

Il faut dire qu'ils avaient tous un bon quart de siècle d'avance car, pour ce qui est de la politique et du show-business, ce sont un Sarkozy et son épouse qui rafleront la mise, l'un en Louis de Funès, folie des grandeurs oblige ! Et l'autre… mais là, personne n'a jamais vraiment su, et aujourd'hui pas d'avantage, qui et quoi elle pouvait bien incarner.

Si, comme nous l'avons constaté, Bedos-père a bel et bien fini là où son fils a commencé - chez Franz-Olivier Giesbert et chez Ruquier.-, peut-on pour autant espérer, même si personne n'y croit vraiment… à moins d'un revirement et d'une prise de conscience qui serait un miracle en soi, sorte de chemin de Damas, que Bedos-fils finira là où

Dieudonné se trouve aujourd'hui : paria adulé par nombre d'intellectuels en rupture de ban - les seuls qui comptent aujourd'hui -, et une population que l'on pourrait assimiler aux « damnés des sociétés occidentales » ainsi que nombre d'entre nous qui partageons avec cet humoriste satiriste sans rival un goût prononcé pour un rire qui a pris toute la dimension de l'ampleur de l'arnaque incommensurable d'une représentation du réel qui n'a qu'un seul but : tabasser à coups de pied et de coups de poing ce même réel en tant que réalité qui nous est donnée à vivre et dont Guy Debord nous exposera tous les tenants et les aboutissants dans son ouvrage sur « La société du spectacle » ; représentations dans lesquelles plus personne sain de corps et d'esprit ne peut se reconnaître.

Après tout, Dieudonné n'est-il pas le plus grand anti-tartuffe depuis Molière, de cette société-là ?

Alors oui ! Ne cessons jamais de défendre et de partager ce rire qui reste un mode de résistance d'une efficacité redoutable contre la tyrannie car, avec l'humour, et le rire qui l'accompagne, on reprend la main et le pouvoir. Un rire, celui de « Dieudonné le métis » qui porte en lui l'assurance du maître et la révolte de l'opprimé - un métissage qui est une force ! Même si, né d'une mère bretonne et d'un père africain… cela vous désigne très vite à la vindicte de ceux qui ne supportent pas qu'un *clown au nez noir* vienne leur donner des leçons.

Ah ! Culpabilité quand tu nous tiens ! Mais aussi, et surtout ; mépris séculaire, et mépris de classe.

Bedos-fils, nouveau saltimbanque virtuel qui a la prétention de répondre à Dieudonné ; Bedos-fils, un ventriloque à noeud papillon privé de piste de cirque et de scène, et dont le public télévisuel a pour nom « téléspectateurs » ; un public de canapé, de badauds et de larrons désoeuvrés, télécommande à la main, au terme d'un samedi soir qui annonce déjà un dimanche sans joie ; et combien d'entre eux seraient disposés à braver le froid et à payer pour entendre ce blanc de blanc pur jus, blanc bec aussi, doublement blanc puisqu'enfant des beaux quartiers et du showbiz ? Car enfin, Bedos-fils sera toujours propre sur lui et fin prêt pour le prochain magazine féminin qui souhaitera en faire sa *Une* comme on en fait son quatre-heures ; casse-croûte pour une gent féminine en mal de gendre ou de petit ami, sans oublier les mal-loties et les délaissées.

Aussi, contrairement à Dieudonné, il semblerait que le seul métissage qui soit à la portée d'un Bedos-fils qui n'en finit pas de se chercher et de s'essayer comme on choisit une paire de chaussures pour finalement faire le choix d'une paire tantôt trop grande, tantôt trop petite, soit le suivant : Jean-Marie Bigard pour le pipi-caca mais... bon chic bon genre s'entend ; et Pierre Palmade pour les vicissitudes d'un quotidien matérialiste en diable et traumatique en chef : "*Mon écran plasma géant est tombé en panne hier soir, et ma pétasse de copine qui a ses règles m'a fait la gueule toute la soirée !*"

Autant pour la subversion !

Et c'est alors que l'Oligarchie hexagonale se met à trembler. Un ministre de l'intérieur alerté par la DCRI bouillonne déjà : dans les cercles autorisés on dit qu'il a vraiment du mal à se retenir. Il serait question d'interdire Bedos-fils à la télévision, à la radio, dans la presse, et partout ailleurs...

Surtout, que l'on ne nous en veuille surtout pas si nous sommes nombreux à refuser de partager l'enthousiasme des uns et l'inquiétude des autres ! Car, si Dieudonné se rit de tout et son public avec lui, on ne peut que rire de Bedos-fils... la grenouille qui veut se faire aussi grosse que le boeuf.

Après Molière, Jean de la Fontaine... encore et toujours La Fontaine !

Haro sur un Africain, une Arabe musulmane et un Français de souche

Mars 2014

La colère est nécessaire dit Aristote. Quelle victoire obtient-on sans elle, si elle ne remplit notre âme, si elle n'échauffe pas notre coeur ?

Seulement, il faut s'en servir non comme d'un capitaine mais comme d'un soldat : ne pas lui obéir mais lui commander. Car tôt ou tard, à notre heure, le soldat devra obéir au signal de la retraite.

———

Haro sur Dieudonné le métis camerounais qu'on ne présente plus ! Clown au nez noir, humoriste satiriste sans rival au service d'un rire qui a pris toute la dimension de l'ampleur de l'arnaque incommensurable d'une représentation du réel qui n'a plus aucun lien avec la réalité.

Haro sur Farida Belghoul, française musulmane d'origine algérienne !

Avec l'abandon en 1983 d'un projet destiné à contrer l'offensive néo-libérale, s'ensuit un deuxième abandon : celui des classes populaires livrées au chômage et à la violence d'un libéralisme économique sans précédent ; arrivent alors SOS racisme et le détournement d'un élan qui se voulait fraternel et rassembleur porté par des français issus de l'immigration, appelé « Marche pour l'égalité » ; détournement et récupération dans le but de forcer les classes populaires blanches et européennes maintenant stigmatisées, accusées de tous les maux – racisme, antisémitisme, xénophobie, islamophobie -, et à propos desquelles le PS ne fondait plus aucun espoir électoral, à la désertion des urnes ou au vote FN, vote stérile, avec l'appui de tous les médias qui tiennent depuis trente ans un rôle stratégique dans la production et la diffusion d'une doxa qui recouvre tout : à la fois la finance, l'économie, le politique et la culture.

Il reviendra à Farida Belghoul de dévoiler au grand jour toute la supercherie de ce système de domination par la division et la diversion ; elle refusera la récupération de cet élan par le PS et SOS racisme.

Haro sur Alain Soral !

Savoyard autodidacte, Alain Soral est celui qui, aujourd'hui en France, avec l'aide de Rousseau, de Marx, de György Lukács, de Lucien Golmann, de Philippe Muray, de Michel Clouscard et de Jean-Claude Michéa , développe les analyses les plus courageuses, les plus pertinentes, les plus intelligentes et les plus talentueuses sur la société française (d'aucuns écriront : "... sur ce qui est arrivé à la France...") de la fin de la seconde guerre mondiale à nos jours.

***

Dieudonné, Farida Belghoul et Alain Soral... trois figures bannies des médias et contre lesquelles une guerre a-symétrique (*une de plus… après le Moyen-Orient, le Maghreb et l'Afrique subsaharienne*) est menée sans pitié, et un verdict sans appel de "fasciste, antisémite, raciste et complotiste" est quotidiennement rendu. Et ni SOS racisme ni la Licra ni le MRAP et ni la Ligue des droits de l'homme ne voleront à leur secours *(Non ! on ne pouffe pas de rire svp)* !

On notera au passage que ces trois figures, l'Africain, l'Arabe musulman et le Français de souche auraient dû symboliser un modèle multiculturel dont le PS et les Verts souhaitaient assurer la promotion. Et c'est sans doute là toute l'ironie de la situation : que ce soit précisément cette France Black, Blanc, Beur qui mette à mal une idéologie de domination dont la loi d'airain a pour seul modèle : la connivence, la collusion, la cooptation, le trafic d'influence, la concussion, l'abus de confiance et les bombes. Car dans les faits, il n'a jamais été question de rassembler qui que ce soit autour d'une idée forte qui aurait le souci de la justice pour tous, mais bien plutôt de diviser un pays, de le dépecer pour mieux le livrer à une oligarchie mondiale seule capable de garantir à une classe politique sans courage et sans projet digne de ce nom, secondée par une classe économique et médiatique vorace, des carrières nationales, européennes et mondiales mirobolantes, sur le dos de la démocratie, du monde du travail et de l'histoire sociale et culturelle de tout un pays, voire d'un continent : l'Europe.

Oui ! Dieudonné, Farida Belghoul et Alain Soral... combinaison explosive ! Et pour leur faire face et pour leur faire la guerre... cet autre trio : les Médias dominants (qui appartiennent à l'hyper classe économique : banque, armement et industrie du luxe), une classe politique de l'UMP au PS, et une bourgeoisie à la tête d'une presse dite « indépendante » et « alternative » : Marianne, le Monde Diplomatique,

Médiapart, Charlie Hebdo… ainsi qu'un vieux modèle d'expression : le Canard enchaîné.

On n'oubliera pas non plus des universitaires au sujet desquels, encore une fois, Marx avait vu juste lorsqu'il affirmait en 1844 que les fonctionnaires - ici, on ciblera en priorité les universitaires et autres enseignants des Grandes Ecoles -, sont les gardes chiourmes (sorte de garde prétorienne) d'une domination exercée par l'Etat dans une alliance de gouvernement avec le grand Capital (aujourd'hui… oligarchie mondiale ou mondialiste) par le biais des multinationales et de la Banque. Bien évidemment, on pensera aussi à La Trahison des clercs de Julien Benda.

Mais... revenons à cette presse dite "indépendante" et à ses supplétifs... une presse qui se croit et se veut « alternative » entre les mains d'une bourgeoisie actrice d'une fausse rébellion contre un ordre établi qui les subventionne - aide de l'Etat en dizaines de millions d'euros -, et des universitaires fonctionnaires à l'abri du besoin :

- Médiapart (son patron est le fils d'un Vice-recteur de la Martinique) qui, pour penser le monde et éclairer ses abonnés, s'est fait une spécialité de s'appuyer sur des poètes et des auteurs issus du colonialisme et de la traite négrière - auteurs qui n'ont fait finalement que célébrer la langue de leurs maîtres : Césaire et Senghor ; l'un finira maire de Fort-de-France en Martinique, l'autre Président du Sénégal ; et plus près de nous dans le temps, un Edouard Glissant et un Chamoiseau ; ce dernier a fini au café de Flore et à la Closerie des Lilas. Tous inopérants et inoffensifs sur un plan politique. Jugez plutôt : à propos de l'élection d'Obama, Glissant et Chamoiseau parleront de « véritable miracle » - de quoi faire hurler de rire ou de rage n'importe quel humaniste de gauche ou d'ailleurs.

- L'hebdomadaire Marianne en difficulté faute de lecteurs payants, soutient un Parti de gauche sans troupes ni assise populaire, composé en grande partie de fonctionnaires de l'enseignement et de syndicalistes, et n'oublie jamais de soutenir Israël..

- Le Monde diplomatique… à l'heure où sur Internet la dissidence fait rage… et gratuitement qui plus est, ce mensuel aujourd'hui privé de lecteurs, est à la recherche de mécènes pour assurer les fins de mois, payer les imprimeurs et les salaires (sûrement confortables) de ses permanents. D'où son repositionnement et son ralliement au lynchage médiatique de Dieudonné, d'Alain Soral et consorts.

- Charlie Hebdo a fait de l'insulte d'une population la plus fragilisée et la plus exploitée de notre société - les Musulmans -, son fonds de commerce…

- Le Canard enchaîné dont l'humour passé et repassé, mille fois ressassé, et l'ironie… sentent un peu, il faut bien le dire… l'urine et les couches culottes de l'incontinence à la fois analytique et stylistique…

Tous ligués donc contre un métis camerounais, une algérienne musulmane et un français de souche autodidacte ; tous à leur faire la guerre… guerre contre trois symboles non pas de la domination mais de l'humiliation : Africain noire, populations arabo-musulmanes et le Français de souche des classes populaires auxquelles tous les procès sont faits : inadaptation au monde, xénophobie, homophobie, islamophobie, racisme, antisémitisme… depuis que le PS, comme un fait exprès, a abandonné l'ambition non pas tant de changer le monde que de protéger les plus faibles d'entre nous tout en les élevant à l'infinité de tous les possibles d'êtres humains en devenir, et ce quelle que soit leur condition d'origine ; coïncidence qui vaudra à quiconque se met en tête d'insister sur sa concomitance (abandon des classes populaires et leur diabolisation) d'être qualifié de complotiste paranoïaque.

Cette bourgeoisie dite progressiste et tolérante - bourgeoisie de la fausse dissidence -, se définit évidemment selon le critère de la production d'un discours autour de ce qu'elle croit incarner : un contre modèle aux médias dominants qui, dans les faits, prône avant tout les liens de la convergence de vue et de comportement. Dans ce qu'ils croient être leur dissidence, au sein de cette classe, tous ont les mêmes réflexes et la même prudence : savoir jusqu'où ne pas aller trop loin et contre qui ; et plus important encore : ne jamais nommer ni les choses ni les gens, cultiver le flou d'une rhétorique d'une bien-pensance et d'un politiquement correct qui épargne bien du souci à ceux qui pourraient en retour, le leur en causer quelques uns. De plus, cette bourgeoisie de l'opposition au système, est bien trop sûre de ses catégories de pensée pour accepter la moindre remise en cause : *«Nous remettre en cause ? Mais pourquoi faire ? Nous l'avons déjà fait en proposant une information indépendante !»*

Aussi, ne la mettez jamais face à ses contradictions ! Ne la prenez jamais par surprise ! Car elle doit pouvoir tout anticiper de ceux au nom desquels elle prétend œuvrer : les dominés. Et enfin : ne forcez jamais cette bourgeoisie à *se* décevoir ! Sa férocité sera à la hauteur de tout ce qu'elle soupçonnait en elle et que des « gueux » viennent maintenant révéler au grand jour, à son grand embarras et bientôt, à son grand désespoir : « *Comment ça ? On ne vaut donc pas mieux que les autres ?* »

Confrontée à sa propre duplicité, c'est alors qu'arrivent la colère et une volte-face pas tant au nom d'intérêts de classe (et/ou d'une solidarité ethnique), mais bien plutôt au nom des grands principes avec lesquels elle ne saurait transiger, et alors que ces grands principes ne sont aucunement en question : on botte en touche pour ne pas avoir à faire face à une problématique, une vraie, qui n'a qu'un seul tort : être à haut risque.

Tel un rituel macabre, véritable jeu de massacre, dans une action soutenue que rien ne peut empêcher et qui prend la forme d'un imparable désir de nuire… cette folie des médias dominants, de la classe politique et d'une bourgeoisie à la tête de médias dits « alternatifs » ou « irrévérencieux » sous-tend un puissant désir de retour à la normale, à l'harmonie d'un ordre, dans l'univers clos et sécurisant du statuquo. Cette restauration de l'harmonie et de l'équilibre passe toujours par le meurtre du trublion provocateur ; c'est là la règle du jeu ! Trublion incontrôlable, libre comme cette liberté qu'aucun bourgeois quel qu'il soit, dissident ou pas, n'accordera à un métis, à un Arabe, à un Musulman ou un Français de souche déclassé car ces derniers incarneront toujours la mauvaise conscience d'une bourgeoisie d'une gauche dite « sociétale » (Clouscard, Michéa, Muray et Alain Soral ont tout dit à son sujet), dont le

profond mépris pour celui qui ne peut rien pour lui-
même, engendre une culpabilité qu'un politiquement
correct vient apaiser mais pour un temps seulement
car… chassez le naturel… il revient au galop. Aussi…
pour les médias dits « alternatifs » tout comme pour
les « médias dominants », les humoristes doivent rester
à leurs places, là où fleurissent les blagues de potaches
sans suite dans les idées … et la démocratie sera bien
gardée !

Toujours prompte à se montrer
compatissante, avec cette bourgeoisie, le moment où
tout bascule est le moment où ses intérêts
économiques sont menacés : subventions d'Etat,
carrières universitaires, manque à gagner dû à la perte
de lecteurs. Classe insidieuse dans laquelle des
psychologies opaques prospèrent comme autant de
points aveugles de la psyché humaine, si les coupables
peuvent être aussi des victimes, avec cette bourgeoisie-
là, aucun risque : elle est bien seule coupable puisque
son pouvoir reposera toujours sur la dépossession de
plus grand nombre.

Chacun de ses sourires adressés aux humbles, aux
sans-grades, cache l'auto-satisfaction de ceux qui sont
aux commandes et qui contrôlent toutes les
situations ; chacune de ses joies est volée à la
mélancolie du déclassé ou au désespoir de la bête de
somme abruti par un travail dégradant. Une
bourgeoisie en apparence moderne, esprit libre-

penseur et républicain d'une complaisance inouïe avec
ses propres contradictions – c'est la paille dans l'œil
du voisin et la poutre dans le sien -, et dont l'avantage
comparatif et son ascendant rhétorique n'hésitent pas
à aller exercer leur talent chez les confrères des médias
dominants et concurrents, passant de l'un à l'autre en
toute aisance : dominant/alternatif –
alternatif/dominant ; le Monde diplo/France Inter,
France Inter/le Monde diplo ; ou bien encore :
Médiapart/France2, France2/Médiapart…

L'affirmation de cette classe passe toujours par
l'exécution des trouble-fête qui outre-passent leur
fonction de clowns et de fous du roi ; tout comme la
bourgeoisie d'une droite sans complexe n'existe que
dans le bannissement et la calomnie, c'est dans
l'élimination sociale que cette autre bourgeoisie résout
ses propres conflits de conscience : *« Chassez loin de moi
cette vérité à mon sujet que je ne saurais voir et accepter !»*

Le regard-faisceau d'un métis, d'une Algérienne
musulmane et d'un Français en disgrâce, transperce
les certitudes de cette bourgeoisie, blesse mortellement
son orgueil et la brûle de l'intérieur car à ses yeux,
cette combinaison africaine, maghrébine et française
n'a qu'un seul tort : remettre en cause sa prétendue
supériorité morale et intellectuelle jusqu'à nous révéler
in fine (preuve à l'appui : celle de son ralliement à la
campagne de diabolisation de nos trois comparses
bouc-émissaires) qu'elle est finalement, elle aussi, du

côté de la domination. Et c'est bien cette brûlure qu'elle ne leur pardonne pas.

Les paroles disent une chose et les faits… une autre. Or, notre trio infernal du tiers et du quart mondes refuse ce jeu de dupes : « *Vous n'êtes pas ce que vous dites ! En revanche, nous… nous le sommes !* ».

Chez cette bourgeoisie qui se plaît à se penser compassionnelle, généreuse et honnête, on trouvera le désir d'être reconnue en tant que gardienne d'une moralité qui, dans les faits, n'a qu'un seul souci : balayer au plus vite de sa conscience l'absence d'un véritable engagement - au prix de tous les risques à la fois physique et matériel -, en faveur de la justice et de la liberté, oublieuse du fait suivant : qui ne risque rien n'a aucune leçon à donner à qui que ce soit. Et jamais cette bourgeoisie-là n'acceptera qu'on la mette en danger ; et un seul danger la guette : qu'on expose au grand jour la duplicité de son existence privée comme publique … ou pour le dire autrement : son caractère hypocrite, égoïste, lâche face aux puissants et intransigeant face aux dominés, et ce à chaque fois qu'elle est prise en faute.

Après le film de Renoir « La règle du jeu » de 1939, c'est Claude Chabrol qui nous le rappellera dans « La cérémonie » en 1995 autour du scénario suivant : pour protéger sa fille, sa moralité et l'unité de la famille Lelièvre - famille recomposée archétypale d'une bourgeoisie entrepreneuriale -, et châtier au passage celle qui osera s'attaquer à sa respectabilité, Lelièvre père à qui on aurait volontiers donné tout de même le bénéfice du doute quant à la perversité des travers propres à la classe auquelle il appartient (**1**), sera sans pitié face à quiconque menace, non pas le confort matériel maintenant acquis et sécurisé d'une classe qui n'a plus à s'expliquer depuis des générations, mais bien plutôt son confort moral : « *On est des gens bien ! On ne laissera personne nous salir !*» ; Lelièvre père sacrifiera « *la bonne* » en la congédiant ; décision prise en cinq minutes montre en main ; et le destin de cette "femme de maison" analphabète de basculer pour toujours avec ce licenciement sans préavis : « *Si vous êtes analphabète ce n'est sans doute pas entièrement de votre faute… mais il faut que vous soyez disparue dans une semaine.* »

Aussi, qu'il soit permis ici de proposer à la réflexion des uns et des autres ce qui suit : si cette bourgeoisie des médias dits «alternatifs et indépendants» devra un jour rendre des comptes … cette bourgeoisie de la fausse dissidence qui se précipite à la moindre alerte sous les abris mis à sa disposition par les acteurs d'une domination sans partage ni morale, ce sera de nous expliquer comment elle a pu , aux côtés d'une hyper-classe et de ses supplétifs, ne pas trouver quoi que ce soit à sauver chez ces trois damnés de la terre : l'Africain, l'Arabe musulman et le Français de souche autodidacte déclassé.

La question est posée.

__1__ - Chabrol choisira délibérément de nous présenter une famille Lelièvre décidément sympathique, généreuse, humaine et compréhensive ; et si cette famille se révèlera bientôt impitoyable, Chabrol ne prend pas grand risque et "se couvre" en lui opposant une « employée de maison » et une postière à la limite de la psychiatrie - jadis soupçonnées de parricide et d'infanticide -, sans doute pour soulager la conscience des critiques de cinéma, qui appartiennent eux aussi à la bourgeoisie, du fardeau de devoir condamner sans réserves les Lelièvre, leur propre classe. Courageux Chabrol mais pas téméraire ni fou : les affaires sont les affaires !

Avec cette postière et cette « employée de maison » sociopathes, la critique et le public bourgeois pourront donc à loisir évoquer « deux monstres » (comme ce fut le cas à la sortie du film en 1995), s'exonérant ainsi de l'obligation de devoir interroger son propre mode de fonctionnement en tant que classe, et c'est sans doute là que Chabrol rejoint ce milieu bourgeois qu'il n'a jamais quitté et dans lequel son cinéma n'a pas cessé de l'enfermer... car avec « La cérémonie », film élitiste, il offrira aux esprits avisés seuls la possibilité de situer la monstruosité chez les Lelièvre (et non chez les deux meurtrières) en tant que classe symbole d'une domination qui a pour socle : l'humiliation et la dépossession du plus grand nombre.

Sans doute Chabrol n'a-t-il fait que se regarder à travers son cinéma, de film en film... un peu lourdingue et complaisant Chabrol ! comportement typique d'un bourgeois sorti du rang qui ne saura jamais vraiment ce que sont la liberté, la dissidence, la rupture, et moins encore une aspiration libertaire qui ne prenne pas appui sur un ordre bourgeois.

Décidément, n'est pas Pasolini qui veut !

Le phénomène Dieudonné

Mars 2014

Mille commentaires, mille chroniques assassines à propos de ce « phénomène » ; et parmi tout ce qui peut nous être donné à penser d'un Dieudonné dont il n'y aurait rien à sauver... on commencera par une tentative d'explication qui répond au nom de « populisme ».

A la définition suivante « Le populisme désigne un type de discours et de courants politiques, prenant pour cible « *les élites* » et prônant le recours au « peuple » s'incarnant dans une figure charismatique » on opposera celle-ci : « Le populisme, c'est l'autre, toujours ! L'adversaire ! Celui par qui le scandale et le danger arrivent ! Sa dénonciation n'explique rien mais révèle tout : un parti pris… de classe le plus souvent dans le style *"Si c'était différent, ce serait pire encore !"*… tendance « grands bourgeois lettrés ou non mais pétés de tunes et morts de trouille - classe politique, journalistes-chroniqueurs des médias dominants inclus -, à l'idée de devoir répondre à la question suivante : qu'avez-vous fait de notre souveraineté et de la liberté et de la justice pour tous ? »

Ce qui recadre sensiblement le propos de ceux qui n'ont qu'un objectif : discréditer Dieudonné et son public : « *Dieudonné est un populiste dangereux et son public des moutons égarés* », ce qui pourrait, si l'on n'y prend pas garde, justifier toutes les mesures répressives et liberticides à l'endroit du coupable d'un tel méfait.

Et comme un fait exprès, ces mesures ont déjà été prises contre l'intéressé et par ricochet… contre son public privé de spectacle.

Ce qui n'est pas sans rappeler ce qui suit : le fascisme langagier - intimidation et dissuasion -, consiste à exposer un individu à un vocabulaire qui n'admet aucune ambivalence ni aucun "oui mais". Le fascisme langagier et sa dictature, c'est donc le choix d'un vocabulaire contre lequel personne n'osera énoncer de contradictions sans courir le risque d'un verdict-anathème qui équivaut à une mort sociale, médiatique et professionnelle.

Aussi, tout individu qui refuse d'adhérer à l'univers conceptuel de ce vocabulaire et de le valider pour mieux l'intérioriser peut se voir qualifié ou bien plutôt disqualifié en tant que…

Fasciste, raciste, antisémite, complotiste paranoïaque, nationaliste, populiste, homophobe, islamophobe, démagogue, anti-européen, anti-américain...

Une dernière précision à propos de ce soi-disant penchant "populiste" chez Dieudonné : à notre connaissance, il est le seul humoriste qui, sur scène, peut se permettre de se faire "siffler" par son propre public.

***

Toujours à propos du « phénomène Dieudonné » d'autres, plus téméraires mais guère courageux, évoquent « la crise », privilégiant, faute d'imagination, son aspect exclusivement social : chômage, précarité et pauvreté. Soit.

Si on évoque « la crise », encore faut-il, là aussi, définir cette crise : qui (et quoi) est en crise et pourquoi ? Sans oublier cette autre question : qui sont les responsables ? Car si crise il y a, c'est bien d'une crise démocratique, une crise de la représentation dont il est question - et pas seulement au Sénat et à l'Assemblée, loin s'en faut ! Représentation dans le sens de : qui est autorisé à représenter qui, quoi, et comment ? Qui a la légitimité et l'autorité morale et intellectuelle pour le faire ? Et plus important encore : qui est autorisé à parler, de quoi, de qui, comment, à qui, avec qui et où ? Dans les médias dominants ou bien dans un cagibi et autre placard à balais (1)?

Des médias qui ont tué les vertus de la délibération, cet idéal pacificateur, apaisant les tensions. La société, ce n'est pas que de l'économie. Ce qui *fait société* relève aussi de notre capacité à pouvoir pratiquer une désacralisation que l'on nommera « libertaire »... de l'Etat, du pouvoir, des groupes de pression, des croyances... ce qui implique aussi et surtout la dénonciation des mensonges et des manipulations : à ce sujet, le cas Dieudonné, la censure à son encontre, et les actions menées contre lui sont exemplaires : ils annoncent déjà un monde cadenassé pour le pire.

Des médias aux ordres ont sciemment coupé les ponts, voilà trente ans déjà, avec des pans entiers de la population ; stratégie concomitante avec la désertion des urnes des classes populaires qu'une classe politique du renoncement et du laisser-faire a précipitées dans les abîmes d'une condition ouvrière en rupture de contrat social. Or, à ce sujet, il semble que la réponse suivante s'impose : on ne peut guère parler... pas plus que l'on ne peut guère décider de quoi que ce soit pour nous-mêmes qui n'ait pas été au préalable validé par ceux qui, autre coïncidence, prennent des décisions ou bien valident celles des autres, sans consulter les peuples ou bien, en passant outre lorsque le résultat des urnes ne leur convient pas.

Ceux qui ont pu se réjouir de l'annulation d'un spectacle de Dieudonné à Nantes suite à l'arrêt d'un juge du Conseil d'Etat, juge et partie... Bernard Stirn (2), n'ont sans doute pas réalisé que cette attaque frontale contre la liberté d'expression n'était finalement qu'une attaque de plus contre tous ceux qui, bon an mal an, seraient susceptibles de remettre en cause un nouvel ordre qui plonge toutes les sociétés occidentales dans une remise en cause intraitable des protections, et autres acquis sociaux, et des chances de progrès pour le plus grand nombre.

Concomitance troublante cette remise en cause des acquis sociaux et de notre modèle de société, le verrouillage des médias et cette menace sur la liberté d'expression !

Que personne n'oublie que la liberté de parole d'un Dieudonné nous protège tous de la censure qui pourrait alors nous frapper dans notre dénonciation de ce nouvel ordre sans honneur ni justice.

1 - Sur LCP, Rokhaya DIALLO a obtenu 26 minutes par mois pour nous parler des minorités visibles !
La demande d'une juste répartition des commémorations et de la transmission de la mémoire, à propos de la colonisation et de tous ses crimes ainsi que de la traite négrière... est qualifiée de "concurrence victimaire" contre le génocide juif. Et aucun budget n'y est consacré : documentaires, fictions, livres, programmes radio et télé, colloques...

2 - Arrêt rendu en 1H30 et qui remet en cause, une fois de plus, la loi sur la liberté de réunion et plus grave encore : menace "le droit à l'humour" avec la mention d'une "atteinte à la dignité humaine" qui ouvre en grand la porte à toutes les stratégies liberticides, et tout aussi préoccupant... à des demandes d'interdiction qui émaneraient d'associations de défense de minorités ethniques, sociales et pourquoi... minorités physiques : les gros, les petits, les handicapés....

En revanche, les Femen peuvent uriner dans les églises (on appelle ça du vandalisme) et Mahomet être outrageusement caricaturé.

***

Passons au public de Dieudonné maintenant : on évoque une quête identitaire à son sujet. Encore faut-il prendre son courage à deux mains et dire les choses : dans les faits, il n'y a pas de crise d'identité mais un refus : celui de voir une identité qui est bien plus qu'une identité mais un véritable projet porté par nos élites au sortir de la seconde guerre mondiale regroupées autour du Conseil national de la Résistance… le refus donc de voir ce projet qui était destiné à rayonner bien au-delà de nos frontières, littéralement saboté par des hommes qui n'en ont aucune idée faute de pouvoir l'assumer car, là encore, leur carrière dépend de leurs seules capacités à passer outre.

Paradoxalement, ce sont les pays étrangers qui nous rappellent cette identité-spécificité française à chaque fois que nous renonçons à notre indépendante en matière, par exemple, de politique étrangère. Certes, ce ne sont pas les Allemands, ni les Britanniques ni les Etats-Unis qui nous rafraichissent la mémoire ! mais… des dizaines de pays de par le monde… des pays dominés aux populations opprimées et qui ne reconnaissent plus cette France de Jeanne d'Arc, de Victor Hugo, du CNR et de de Gaulle ; celle des Cathédrales et des *Misérables* - notre bible républicaine ; une France avec tout son passé, telle une force qui chemine sans entraves et sûre de sa destination, accompagnée de tous ceux qui devraient pouvoir trouver auprès d'elle une main et un bras fermes.

***

Crise d'identité, crise économique… crises, crises… en veux-tu en-voilà ! Quid du délitement ?

Le mot est lâché. Mais quel délitement ? Qui en est responsable ? Et délitement de qui, de quoi ?

Certes, le délitement est là : à la fois dans l'ignorance et dans toutes les stratégies de sabotage d'un héritage ; sabotage au profit d'individus pour lesquels le monde n'est qu'un Hôtel… taudis pour les uns, Palace pour les autres, de Paris à New York, en passant par Tel-Aviv, Casablanca et Hong- Kong. Car, dans les faits, si extrême droite il y a, elle est bien là cette extrême droite ! Dans une mondialisation qui n'a que l'alternative suivante à nous proposer : se soumettre ou bien périr !

Aucune sphère ne sera épargnée : vie publique, vie privée, de l'entreprise à la chambre à coucher - celle du couple comme celle des enfants -, de la cellule familiale au quartier, la ville, le canton, le département, la région...

Finalement, rien n'est plus régressif que cette mondialisation-là ; régression archaïque caractéristique d'une Oligarchie pourrie-gâtée, mentalement pré-pubère et onaniste dans la pratique, qui s'en met ras la gueule depuis trente ans, et qui n'en a jamais assez ! Une mondialisation que l'on pourrait facilement se représenter, à peine caricaturale, dans la position du foetus, à sucer son pouce et le sang de ses victimes… tellement les pulsions qui la dominent sont primitives et de l'ordre des instincts pré-civilisationnelle : une mondialisation de Neandertal pour une psychologie non pas de comptoir mais de cavernes. Et cette mondialisation-là relève sans aucun doute de l'étude psychanalytique.

***

Taquins, d'autres encore prétendent que Dieudonné et son public seraient porteurs de revendications qui ont du mal à être conceptualisées feignant d'ignorer sans doute que cette conceptualisation a déjà eu lieu, de l'instauration d'un Etat dit « de droit » de Montesquieu, à la déclaration universelle des droits de l'homme de 1948 : droits qui se voulaient inaliénables et qui, pourtant, n'ont pas cessé de faire l'objet d'attaques brutales depuis trente ans, véritable harcèlement, jour après jour, majorité après majorité, élection présidentielle après l'autre.

Et c'est bien sûr, et c'est alors... qu'une fois les médias verrouillés, une fois acquis le soutien de la quasi-totalité de la classe politique… c'est alors qu'arrive le grand mensonge et chantage à l'anti-sémitisme contre la critique d'un univers unidimensionnel et liberticide d'une intolérance inouïe.

La critique de la politique d'un Etat, Israël, qui n'a plus rien à envier à l'Afrique du Sud du temps de l'apartheid ? Antisémite ! La critique des médias et de ceux qui y cumulent salaires et fonctions ? Antisémite. La critique d'un sionisme (judaïsme politique) corrupteur de nos élites au plus haut niveau de l'Etat ? Antisémite. La critique du bourrage de crâne avec le génocide juif, dit "Shoah" dans sa version commerciale et politique ? Antisémite. La dénonciation de l'"instrumentalisation de ce génocide ? Antisémite. La demande d'une juste répartition des commémorations et de la transmission de la mémoire, à propos de tous les crimes coloniaux et de la traite négrière ? Antisémite. Une blague à propos d'un tueur toulousain ? Antisémite. La critique d'un CRIF entre les mains d'une extrême droite venue d'une région du monde qui ne trouve son salut que dans le meurtre, les assassinats, l'occupation et les bombes ? Antisémitisme. La critique de la banque ? Antisémite. La quenelle anti-système ? Antisémite. La lutte contre la mondialisation ? Antisémite. La remise en cause d'une Europe à l'image d'une mondialisation qui est une véritable guerre contre les salaires et les droits sociaux ? Antisémite. La remise en cause de la version officielle du 11 Septembre ? Antisémite et

Négationniste. Jean-Marie Bigard, Mathieu Kassovitz, Besancenot, Taddéi, Edgar Morin, Raymond Barre, Michel Onfray, Mélenchon, Jean-Luc Godard, Robert Ménard, la sénatrice UDI Sylvie Goy-Chavent... tous antisémites !

"Mais alors… si *tout* est anti-sémitisme et négationnisme… c'est que tout est juif ? Oui ? Non ? Ou bien, alors… si *tout* est anti-sémitisme et négationnisme, c'est que plus *rien* ne l'est. Oui ? Non ?

- ……………………………………

- Allô ? Vous êtes là ?"

Il semblerait que le piège se soit refermé sur ses instigateurs car « *la ruse la mieux ourdie peut nuire à son inventeur et souvent la perfidie retourne sur son auteur* » - Jean de La Fontaine : la grenouille et le rat.

*****

Pour finir… ajoutons ceci : rien n'est plus politique que Dieudonné... le métis qui porte en lui l'assurance du maître et la révolte de l'opprimé - un métissage qui est une force ! Dieudonné, son public, ses détracteurs et tout ce qu'un gouvernement est capable de mettre en oeuvre pour tenter de le faire taire ; à défaut, de le discréditer. Même le silence de ceux qui ne pipent mot, terrés et terrorisés, hurle *politique*, hurle *à la politique*. Pour sûr, tout est éminemment politique dans cette affaire et ce phénomène Dieudonné. Et c'est là que toutes les forces coalisées se rejoignent et œuvrent et tirent dans le même sens, tous tenus d'obtempérer jusqu'au ridicule et la honte, l'épuisement pour d'autres, afin de nous tromper en affirmant haut et fort que Dieudonné n'est pas politique mais antisémite, dans l'espoir de le disqualifier et que l'on se détourne de lui.

Alors oui ! Dieudonné est leur psyché à tous... tous détracteurs : cet ensemble de phénomènes psychiques qui constitue non pas leur individualité à tous indépendamment de tous les autres, mais bien plutôt tout ce à quoi ils sont soumis, tout ce à quoi il leur est demandé de souscrire. Aussi, chacune des paroles de notre humoriste, chacun de ses sketchs, chaque spectacle leur apporte non pas tant la contradiction qu'une honte ingérable ; d'où la gêne des uns, la colère des autres, et la haine pour les plus affectés d'entre eux par cette entreprise de désindividuation dans laquelle tous se sont laissé entraîner comme on vend son âme au diable, un diable au sourire angélique, car c'est là le prix à payer pour quiconque souhaite prospérer au mieux de ses intérêts - donneurs d'ordres, exécutants, supplétifs et larbins confondus... tous au service d'un impératif qui frôle à terme l'anéantissement psychique -, dans une solidarité ethnique, professionnelle ou de classe (c'est au choix ! et tous les choix sont possibles à la fois) aux intérêts bien compris et jalousement préservés. Poison qui condamne notre société à d'incessants conflits tantôt larvés, tantôt ouverts que cette démission de l'être... étant !

Dans ces conditions, rien de surprenant que tous - classe politique, monde du spectacle et médias -, souhaitent se débarrasser de Dieudonné contre lequel une guerre sans pitié et dissymétrique est menée... (*c'est à noter une fois encore... une guerre a-symétrique de plus après celle qui ont été, et sont menées, ailleurs dans le monde contre des pays tout juste capables de se défendre*).

Le public de Dieudonné, cette France Black-Blanc-Beur qui a trouvé refuge dans les salles de ses spectacles, cette France Black-Blanc-Beur que personne n'accepte *en l'état*, cette France n'a qu'un ennemi : le mépris, l'arrogance et la voracité d'un système pour lequel les êtres humains ne sont que des ventres à remplir ou bien, à affamer si ces ventres refusent de marché droit et du temps de cerveau disponible à distraire jusqu'à l'abrutissement et à manipuler jusqu'à renoncer à une quelconque résistance.

En attendant, Dieudonné a certainement besoin de se protéger de quelques dirigeants d'associations communautaires et de leurs supplétifs qui depuis dix ans cherchent à abattre celui qu'il faut bien se résoudre à considérer comme notre plus talentueux humoriste satirique de langue française depuis Molière, fils de Voltaire et d'Alfred Jarry, sans aucun doute le plus grand anti-tartuffe de la société du spectacle médiatique et politique.

Et puis enfin... que l'on nous montre un honnête homme, un seul, ou qu'il se fasse connaître dans les meilleurs délais, qui ne soit ni un politique aux arrières pensées inavouables ni juge et partie, ni un pleutre, ni un imbécile ou bien une gourde... un honnête homme donc qui soit d'avis qu'il n'y a rien à sauver chez Dieudonné car on l'attend encore !

Et c'est bien là que le bât blesse et que tout soutien à Dieudonné trouve son sens car là réside le noeud du problème : qui êtes-vous et qui sont-ils pour juger puis condamner à la relégation un artiste de cette trempe ?

Et c'est enfin là que tout soutien à Dieudonné trouve aussi et surtout son sens.